nest Robe

SLOW MADE IN JAPAN

CONFECT

精工细作的慢时尚

广州森所服装有限公司　著

中国纺织出版社有限公司

前言

Perface

nest Robe 品牌从诞生至今已经有 17 年。作为纺织品中小型企业，品牌在激烈的淘汰竞争中顽强拼搏才走到今天。在此期间，与来自日本不同地方但同样是纺织品生产业界努力着的工作者们相遇、合作，在困难中他们伸出援手，才使得品牌终于迎来了这不易的第 17 个周年。

另外，对本品牌的理念给予理解并一路支持的客户群体们，也是本品牌能够一路成长走到今天的重要因素。

在此，向纺织品生产业界的所有合作企业伙伴以及所有客户表示最诚挚的感谢。

经过慎重的考虑，品牌决定发行此书，以作为 17 周年的纪念。本书详细地介绍了品牌的合作伙伴以及他们的技术与产品、让世人更加了解他们在自己的领域做得有多么优秀，以此回馈多年以来合作伙伴对品牌的支持、提携和恩情，也能让客户朋友们更加了解品牌。

2019 年 1 月，从日本经济产业部门发表的日本国内纺织品产业现状的报告来看，整个产业正在经历一段比较艰难的时期。纺织品从业者数量以及制造业商品出货量是 1991 年的 25%。另外，面临进口商品渗透率高达 97.6% 的纺织品，在日本国内消费占比中，日产纺织品消费占比也下落至 2.4%。然而，从全世界来看，纺织品行业可谓是成长型的产业，预计至 2025 年有年平均增长率达 3.6% 的行业前景。

以此为契机，nest Robe 面向海外消费者，于 2020 年 8 月在中国北京三里屯太古里开设了中国第一家旗舰店，2021 年 11 月在上海静安区开设了 nest Robe 会员限时体验店，同年 12 月在杭州上城区开设了 nest Robe Library 概念店，并于 2022 年 5 月正式在广州东山口设立 nest Robe 大中华区总部，打造出"开放与融合"全新的公共体验空间。

2020 年，受全球新冠肺炎疫情影响，各行各业都在做出改变。可以预见，环境课题和可持续发展措施的应对将在纺织品行业变得越来越重要。nest Robe 也一直参与其中。一方面，在 2019 年扩建的德岛工厂项目（由 T.M 公司负责建设）中采用太阳能发电和可高能率排气的燃气锅炉，以及支持日本本土经济而使用德岛本地自产自销的木材和地板材料等一系列可持续发展措施和对策。另一方面，只要新冠肺炎疫情还在肆虐，本公司将彻底实施对产品进行抗菌加工，以保证产品安全，使顾客安心。

此外，2018 年，日本服装行业在以标准定价进行销售的平均销售率只占进货量的 46.6%。在这一艰难时期，nest Robe 也并没有因为库存问题进行过大量废弃处理。这得益于一直以来品牌遵循拒绝过量生产、只生产市场需求量的这一经营方针。甚至品牌早已着手于工业剪裁所留下的大量废弃布料的处理问题，使用工业剪裁留下的废弃布料重新制作成纱线，再使用这样的纱线织成面料制作产品，从而实现循环利用。以此生产的产品系列被命名为"UpcycleLino"，并已于 2021 年春呈现于世。

今后，nest Robe 将与来自日本各个产地、拥有精湛技术和行业知识背景的合作伙伴继续共同进退、共同成长，也将积极地参与可持续发展业务，为行业的未来做一点努力。

nest Robe / CONFECT 创始人：北之坊敏之

目录

Contents

感谢以下合作企业：

TEIKOKU SEN-I CO.,LTD./ AKAO NENSHI Co.,Ltd. / Daiwabo Co.,Ltd. / Shibata Technotex Co.,Ltd. / TOKI SEN-I Co.,Ltd. / AKAI Inc / KYOTO ASA ORIMONO Inc / Marunaka Textile / T·M Corporation / HANGLOOSE Co.,Ltd. / YOSHIOKA HIROKAZU SOCKS / TAMAI SHOTEN Co.,Ltd. / KAZEKOSHA / Dye-Works Sawa / DAICHO CO.,LTD. / SHOWA Co.,Ltd. / SANYO SENKO Co.,Ltd. / FEDE LEGNO Co.,Ltd. / ELworks / Sato Seni Co.,Ltd. /Nakayama & Co.,Ltd. / Shinnaigai Textile Ltd. / Maru-m Oishi Orimono / DAIEIKNIT Co.,Ltd. / HANWA Co.,Ltd. / Nagaryo Knit / TAKEMI CLOTH Co.,Ltd. / OYAGI Co.,Ltd. / YAGI & CO.,LTD. / ICHIMEN CO.,LTD. / semoh / INOYA Co.,Ltd. / GLASTONBURY LIMITED. / GMT inc. / feltico / ONE KILN CERAMICS / bm + e (baba megumi + edition) / Tiny N (Noriko Okamoto) / JAL"AGORA" / LES VISITEURS DU SOIR

感谢为本书内容提供建议与付出工作的人：

摄影：宫滨佑美子（工厂）·卫藤 KIYOKO（物品）、清水奈绪（129~135 页）、永田忠彦（128 页）。装帧：关宙明（mr.universe）企划：藤井志织。

一件衣服的从无到有

纺纱线，并根据纺出的纱线成品特性，进行适当的纱线加捻。

选取所需根数、长度、弹性的经线固定在纺织机上，准备好要将纬线穿入的综片以及筘。筘是纺织机械的一种机件，经线从筘齿间穿过，它的作用是把纬线推到织口。

面料纺织过程。

对各款式分别进行制板和面料裁剪。

缝制成衣。

将成衣染色，以及进行预水洗加工。

一件衣服就这样诞生了。每一件 nest Robe 品牌的衣服，都需要经过以上一道道工艺，才能生产完成。

精工细作的慢时尚

nest Robe 致力于制造可持续、可循环利用资源的时尚产品。

nest Robe 作为服装工作室创始于 1950 年，产品均采用日本当地最优质的天然材料，尤其偏好高品质的亚麻，精心设计和制作而成。

这是一个有环保意识的品牌，专注于可持续、可循环利用的生产方式，并基于"MONOZUKURI"的精神。"MONOZUKURI"是一个代表日本文化的词汇，描述重视细节，由经验丰富工匠之手孕育优质产品的传统制作方法。

"精工细作"是品牌的定位。而"MONOZUKURI"是品牌追求理想的高标准，采取更谨慎的方式，使用天然材料和环保工艺进行生产，丝毫不妥协。品牌目标是在遵守"MONOZUKURI"的同时制造高质量和不过时的时尚产品，并且向消费者保证他们所购的商品是真正的环保产品。

尽管品牌为可持续、可循环利用做出的努力还有许多不足，但我们相信，只要坚持做下去，必将为环保做出一些贡献。品牌也将最大程度地在生产管理和运营中减轻对环境的负面影响。

nest Robe 历史

nest I
UTILITY CLOTHES
using fine natural Material

In closet, full of
natural fabrics and

hanging clothes from
the left. Linen

below, **R & D** Linen
gaze double face
blanket. black block
check with navy
gingham check in
back *23,100 yen.*

品牌的一切诞生于一个工厂

nest Robe 这个品牌名称是由让人安心舒适的"巢"（nest），和适合成熟大人的干净沉稳、能够自由搭配叠穿的"袍"（robe），两个词组合而成的。品牌创始于 2005 年，是由创始于 1950 年的老牌纺织品缝纫工厂"next"一手创办的。那么工厂为何要创办一个自己的服装品牌呢？

契机是在纺织品业界的生产重心向中国转移之时，日本本地工厂遭受了相当大的打击。在服装单价整体下调的大环境下，纺织品业的生产地也向劳动成本相对便宜的国家转移。以往进口高级商品的制造商与供应商，在大环境下也纷纷下调价格。

例如，在一次作为制造商制作样品的过程中，合作方是一家由精心优选高品质的单品而广受欢迎的买手店。"next"使用仅产自日本的高品质面料制作了一件夹克外套，成本花费核算为一件 4 万 5 千日币。然而，合作方却给予了"在现今市场上这样的单品只能标价 2 万日币。考虑到生产成本，在劳动成本相对便宜的国家制作生产会更划算"的回应。可见即使是使用了优质但相对昂贵原料做出的高品质、高成本产品，在这样价格竞争激烈的时代也是没有市场的。为了降低单价从而加大生产量，生产线上耗费的人工费用会越来越高，生产地的生产效益也会越来越低下。最终，包括作为毛织物著名产地的尾州以及牛仔面料著名产地冈山在内，其生产量都猛跌至往年的 1/5。

nest Robe

Vol. V

实际上，就算订货量增多，就工厂而言一天之内可生产的产品数量也是有限的，更何况由于生产量也有峰谷之分。在生产量集中的"峰"期里，工厂需要全员投入，加班加点；而谷底空闲时期却几乎没有生产量。即使是在"峰"期加班加点，也因商品单价已固定而无法有更多钱支付加班工人的工费。以往在纺织业发展比较蓬勃的时候，即使在淡季也会接收到次年春天的订单，充分利用空余档期，避免造成大量工作的堆积。但自从行业开始走下坡路以来，厂商渐渐失去了以往的余力。由于零售价已定，无法变更，因此能够反推出可以支付给工厂的价格。再加上交货期和产能等各种限制，被大型品牌厂商一步步压垮的工厂不计其数。这个现象不仅造成了成百上千人失去工作，甚至有工厂主选择走上绝路，完全演变成了恶性循环。

逆境中的机会、绝处逢生的对策

恰好在这个时候，SPA（Specialty retailer of Private label Apparel）自有品牌专业零售商经营模式开始在欧美纺织品业界普及。SPA 是一种从商品策划、制造到零售都整合起来的垂直整合型销售形式。SPA 的应用或许能够使生产制造中面临的各种问题得到改善。

经过多年经验和技术的积累，品牌原本仅是从事缝纫制造，在不景气的大环境下开始转型，从制板、寻找面料到设计款式全部一手操办。无论

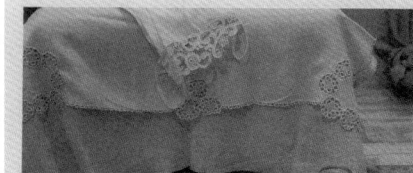

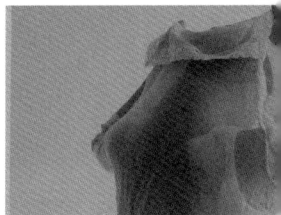

是品质还是效率都不输其他品牌。

　　尽管工作负荷不断增大，工资却无法上涨，在这样的危机之下，带着"与其坐以待毙，不如放手一搏"的想法，品牌正式开展了直营业务。

　　不易的是，之前的客户如今变成了竞争对手。在既往承包各种品牌的订单中慢慢学到的是，真正高品质的衣服是可以长久穿着的衣服，而相关联的工厂做的高品质的服装却因价格太高而不受市场欢迎。那么，只需要从如何才能销售掉高品质服装方面去寻求对策。普遍观念中，只要是卖不掉的东西就一定会降价。而商品一旦降价，只能解决短期的销售不佳，于长期而言，还会因此陷入恶性循环。

　　最初是青山店，紧接着自由之丘店、吉祥寺店也相继开业。品牌坚信，使用日本原产的天然材料制衣，设计不被流行所左右的经典衣物，才能让品牌慢慢地被消费者、市场所承认，尽管一开始亏空了不少。

　　在品牌成立的第二个秋天，nest Robe 的设计总监无论如何都要坚持做亚麻材质的大衣。当时亚麻通常被用在春夏季产品中，但她提议的亚麻大衣将会作为秋冬单品推出。被驳回了 3 次她却仍不肯放弃。就这样想着那就试一试吧，于是推出了一款厚实的亚麻质大衣，没想到销售火爆。买过大衣的客人纷纷对下一季的产品提出了例如"大衣真的很喜欢，有没有同样面料的裤子或衬衫呀""要是也出连衣裙就更好了"等的需求与建议。于是，nest Robe 吸纳顾客的呼声，开始围绕亚麻材质陆续推出各种商品。

　　而这样的爆红，正好与当时流行的自然风格契合。刊登杂志的机会

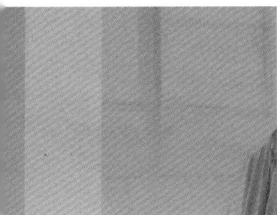

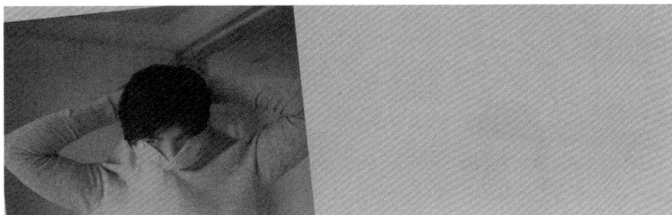

越来越多，粉丝也逐渐多了起来。深知即使当下红极一时，当流行过去可能变得无人问津的道理，品牌怀着"回归原点"的信念，创立了同样具有经典设计风格的男士品牌CONFECT。在蕾丝和褶皱设计大热之下，CONFECT只有夹克、皮鞋搭配的设计，正是nest Robe原本追求的设计风格。

在生产承包时期，因为成本的限制而没能使用的面料，如今也用它做了连衣裙。宽松的板型是nest Robe商品的特征，相对地会需要使用更多的面料，从而成本会更加高昂。仅仅是一次也好，想不计成本去做一次满意的产品，但结果却让人十分惊喜。因为即使是超过3万日币的定价，不少客人也会觉得物有所值而果断买下。并且品牌的植物染料比普通染料的价格高2~3倍，但是仍然有市场。可见消费者对价格高但品质也高的商品是认可的。借此机会品牌也十分荣幸地使用日本独有的细腻、精良的技艺和面料制作衣服。这也是整合了商品策划、制造到零售的垂直整合型销售才能做到的。自始至终追求舒适的穿着体验，以消费者认可的价格售卖，这一点就算是许多大品牌也无法做到。

nest Robe

2006

only. All purpose LT.Utility clothes using fine in

nest Robe

Wrap you in warmly.

nest Robe is, natural and relaxed...
utility clothes adhere to natural material and comfort,
sharing mellow days,
ng daily accesories in comfortable atmosphere...

Vol.III

2007
SPRING & SUMMER

ural and relaxed... simple and utility c
mellow days, offering daily accesorri

1st.Anniv

CONTENTS

为了品牌的生产，推进原产地的保护

nest Robe 的信念和愿望从未改变，那就是无论如何最优先考虑工厂利益。不管卖得再好，也不会一下子给工厂成倍的生产负荷。品牌与工厂价格透明、合作关系良好健康、互相信任。17 年中，品牌慢慢越做越好的同时，能够支付给工厂的加工费也相对有所提高。蒸汽机等新器材的导入，很好地提高了生产效率。尽管没有盆盈钵满，但只要有一点点稳定的盈利，就可以把 nest Robe 一直做下去。所以，与其在乎成本收益，不如定价公道透明，在让消费者认可度方面多下功夫。

nest Robe/CONFECT 的员工在进入公司之后，都要学习面料知识。对品牌的销售人员也一一叮嘱：因为衣服并不便宜，所以顾客即使一开始不买也没关系。消费者真正了解、喜欢的话自然会买。而且注重品质的顾客也一定会觉得这个定价是很合理且划算的。因为衣服定价贴近成本，也不会打折促销。品牌坚持追求理想的手工艺、天然材料和舒适的穿着体验，因此能在行业竞争中存活下来。如今走过十七个年头的 nest Robe 便是佐证。

关于亚麻（LINEN）

  被称为"人类最早使用的天然植物纤维"的亚麻，它的应用可以追溯到距今已经有 3 万年的西亚。古人在底格里斯河和幼发拉底河流域沿岸种植亚麻，而古埃及王国更称为"用月光织成的面料（Woven Moonlight）"，甚至在祭祀中也会使用。随后，亚麻文化逐渐流传并扎根至海对岸中世纪的欧洲。当时英国北爱尔兰的亚麻纺织技术被誉为世界最高。女性的嫁妆中也会放入亚麻，可见亚麻是生活富裕的标志与特殊象征。时至今日，以英国王室为首、世界性的正式晚宴的餐桌上，都少不了用亚麻制成的传统餐具。

  亚麻的原料是名为"flax"的一种亚麻科一年生作物，与一般广为人知的苎麻、黄麻、大麻都不相同。比利时和法国是优质亚麻原产国，实行不连种的耕

作方式，需要经过六七年的轮栽才能产出，产量十分有限。亚麻在每年6月会开出与日出一齐绽放的蓝紫色惹人怜爱的花朵，短暂的昙花一现还没到正午就会凋零。花谢后，在太阳的照射下，烘干了的亚麻渐渐露出金黄色的光辉。收获的季节到来，农家会把亚麻拔起铺在地面，雨露会让不需要的部分自然腐烂，把纤维分离出来，然后人们用机器拍打，取出纤维，经过多重工序纺织成细纱。

这样制作出来的亚麻拥有优异的吸湿、放湿性和散热性，并具有独特的光滑度和润泽优雅的光泽。作为天然材料里最结实的亚麻，经过浸湿其强度反而更上一层，也经得住反复洗涤。另外，亚麻织物夏日穿着会有凉爽的触感，而冬天可以隔绝外部冷气以保持热量，是适合一年四季穿着的优良材料。

捻纱　赤尾撚糸

给纱线加捻的工作是一切的基石

The fundamentals of garment production
The work of twisting yarn

捻纱 赤尾撚糸（AKAO NENSHI Co.,Ltd.）

为了纺织成布，纱线需要进行加捻步骤。将单根纱线捻成股，可以增加纱线的强度和韧性。在纤维产业繁荣的岐阜县内，曾经有 400 家以上的捻纱企业。但是随着纱线加捻的技术核心向海外输出，和纤维产业的其他工序一样，生产重心慢慢向海外转移，如今也仅剩寥寥几家了。

专精于捻纱的"赤尾撚糸"在长年累月的实践作业中积累了精湛的技术，掌握着许多他人无法效仿的独特核心技术。在捻纱的过程中改变加捻次数和方向，就可以捻出不同质地的纱线，纺织出的面料质感和品质也会随之变化。例如，强捻的纱线纺织出的面料就会呈现出悬垂直性好等特点。同样颜色、粗细的纱线，改变了加捻方向，呈现出的色泽都会不一样。其中就有 nest Robe/CONFECT 定制的捻纱。"墙壁纱线加捻（类似于俗称的包缠纱线加捻）"是一种由粗棉麻纱线和细棉纱线加捻而成的纱线。粗线经过加捻再恢复膨胀时的状态，细线经过加捻在粗线表面增加一层挤压。使用这样的线纺织出的面料可以呈现自然凹凸的表面，使面料看起来更立体生动，因为看上去和涂装的墙体很相似而得名。通过改变纱线的种类和混合比，面料的质感也会发生改变。

"以前的线的粗细不同，所以有不同粗细的纱线组合纺织技术。最近

这种形式又重新被重视起来了"。赤尾撚丝的常务负责人赤尾博臣先生这样说。

总而言之，这样的纱线织出来的布料有复古质感，可以制作出如同古着般神韵的衣服。通过加工面料也可以做出不同的质感，但对纱线的考究可使其质感更加细腻生动。

从单一的工序中孕育出新的想法

加捻纱线的工序是十分单一的。首先把原始纱线穿引固定，再卷绕进巨大的梭芯里，然后将其装入机械加捻。

"粗细不同的纱线一起加捻的时候，可以微调纱线的牵拉方式"。

如今加捻方式越来越多种多样，从来没有的新纤维（原始纱线）也被不断开发出来。于是为了对应新的纤维，工人们日复一日地分析试制，探究更新、更好的加捻方式。

"加捻纱线几乎都是接单生产，工钱也相对便宜。虽说加捻是制衣的基础工作，但是由于和制作服装的人没有直接的接触，说实话我们也不清楚他们真正的需求。但在 2 年前，我们展示了工厂生产的墙壁纱线加捻成品后，唯独 nest Robe 品牌对我们产生了兴趣，并且缔结了合作关系。让

我们的工作获取了很大的认同感"。

　　足以影响布料表面质感的纱线最近才开始被重视起来。在此之前无人知晓。

　　"如今新材料层出不穷，也有觉得很难办的情况。但是也会迎接挑战。收到订单的话，就算不敢百分之百确定能做到什么程度，也抱着想要试一试的心态去挑战"。

　　在采访的尾声，赤尾先生展示了最新开发的加捻纱线。从医用绷带技术中得到灵感而开发出来的超强捻线。

　　"虽然1分钟之内只能做出8米，但仅加捻就能做出良好的伸缩性"。

　　只靠执着而生的产品不能保证得到顾客的青睐。但是 nest Robe/CONFECT 对这样的匠人精神有浓厚的兴趣，想和工厂相互扶持、共同进步。崭新的提案应该活用起来，去做有意思的产品。只有 nest Robe/CONFECT 这个和工厂方关系密切的品牌才能做到。正因为其是从自身工厂起步的品牌，所以更能理解生产线上的种种不易，也更希望本来单一工序的生产线可以创造出更多的可能性。

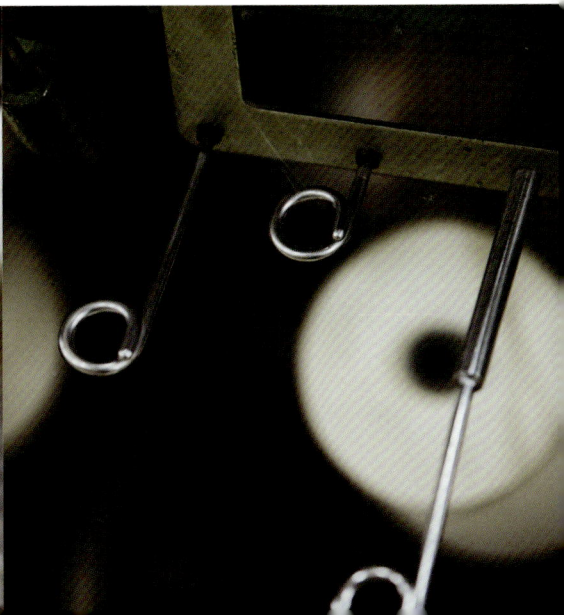

古着般质感的平针织面料，使用的是
"赤尾撚糸"的粗纱线和 40 号单线纺
成的粗细不一的"墙壁纱线"，更加强
调了面料表面凹凸的生动特性。成衣
制品经染色加工，"墙壁纱线"的特征
也让阴影部分显现出不同的色泽。

纺纱　大和纺织

混合原料和纺羊毛纱线

Mix the ingredients and
spin woolen yarn

纺纱　大和纺织（Daiwabo Co.,Ltd）

　　显而易见，羊毛材料的衣服是由羊毛纤维纺织而成。无论是机织还是针织，都需要由羊毛纤维纺织成的纱线。羊毛的纺纱分为梳毛和纺毛两个种类。一般梳毛更被广泛使用，将羊毛用推毛器推下来，洗净之后采用洗化碳处理，再进行纱线纺织。对于纺毛纺织，是将各种各样的原料混合之后进行纱线纺织。在纺织过程中的短毛，以及在别的生产程序中的各种衣料、纱线、布料的废料，都可以使用专门的纺毛机器，将它们变成棉状的状态之后再次利用。"大和纺织"驻扎在一个建于 1951 年（昭和 26 年）十分有意思的作坊，专门纺织羊毛。工厂的天井高而通透，通风很好，对防止库存的大量的羊毛和精梳短毛出现霉斑或者虫蛀、保持优异的品质起了十分大的作用。

　　"我们从创业以来，在还没有提倡资源再利用的那个年代开始就已经在使用短毛的纺毛技术"。

　　只有短毛的话，纤维会过短，所以作为长纤维羊毛的补空，纺织过程中经常在长纤维的周围都缠绕上短毛纤维。

　　"由于是再利用品，所以库存基本根据当下原料而变化。当季流行灰

色的话，那么短毛就以灰色居多。假如灰色流行之后是米黄色的话，再收集灰色短毛就成了一件难事了"。

众所周知，流行风尚是一个循环，所以即使是存放 10 年，10 年后也会派上用途。因此也尽可能地将原料储存下来，现在的仓库才有这么大量的库存。

"想要什么颜色就立刻去进货，这几乎是不可能的。从原料商那里尽可能把颜色全数买来，储存在自己的仓库里，这样在要用的时候就可以立马投入使用了"。

对于羊毛的长期保存来说，最大的风险就是面临褪色。所以纱线、织布、染色工厂大多会建成南面不采光而北面采光的锯齿形屋顶。

得意的混色技术可准确表现想要的颜色

在纺线作业之前，将羊毛和短毛混色，加入能使纺线更顺滑的纺织油，浸泡一个晚上。比如工人会把染至灰色的羊毛、淡灰色的短毛、未经染色的安哥拉毛与白色的尼龙相互混合。

加入尼龙是为了增加强度，更易于纺线。将上述材料由混合室地板

|| Mix the ingredients and spin woolen yarn

36 | 37

下面的洞口吸入，进入调和设备。这样的作业要重复三次，直到被均匀混合。之后将混合好的原料通过一个漏斗形设备，将纤维对齐排列成薄片状，加以敲打，做成薄膜状之后，按纵向分割成 120 条左右的细条。最后混合四种颜色材料，使其成为即使是外行人也能想象到的颜色。自如地使用短毛并且完全按照订单要求混合至准确的颜色，是"大和纺织"引以为豪的技术。

"也许会有人觉得，直接用白色纱线染色不就好了吗？但其实那样做不如混合工序做出来的质感好。一旦接受了订货，我们的企划部门会进行分析研究，并且确认库存情况。不够的部分会进行个别染色补充。这是我们积累了 50 年的经验和技术才能完成的事情"。

在"大和纺织"的办公室里看到了颜色样本，用什么原料、按照多少比例混合等，记录得十分细致。手持如此庞大的色卡模板数据，也是"大和纺织"的核心技术之一。

　　最后，把细条放入纺织机器，羊毛纱线就纺织而成了。在加捻的过程中如果出现断线的情况，就需要生产线上的师傅用手把线再次连接起来。无论瞬间发生怎样的特殊状况，都很考验师傅的反应力和敏锐性。

　　"有些老师傅已经在这个岗位上工作50年了，平均年龄在65岁以上。虽然很多年轻人都做不长，但这个工作可是越做越有意思的"。

　　将羊毛线卷成排气管状或是起司状，等着发往各个纺织厂，是"大和纺织"产品工序的最后一环。

　　"将短毛纤维过筛之后搅拌，可以产生线结和起毛的效果"。

　　羊毛线有无数种类，组合搭配也有无数种。用它们织成布、做成衣，直到成为商品，还需经历许多道工序。但专业的工匠只要看见成品就能辨别出是否用的是自家的羊毛线。这可能就是一流工匠对自己事业的热爱和骄傲的表现吧。

织布　Shibata Technotex

在织布作业中注入毅力

The process of

arduous weaving

织布　Shibata Technotex

　　织布工厂"Shibata Technotex"坐落于日本最大的织物产地爱知县尾州。"织物是我们不太使用的词汇，其实就是用纱线组合织成布的过程"。Shibata Technotex 现任负责人第三代社长柴田和明先生说。在工厂的 2 楼是从固定经线的作业开始，到准备好将纬线穿入的综片以及筘。1 楼是织布机器，从织布到检品都在这里进行。

　　"简单来说就是在织布机上固定好经线，在经线之间穿入纬线的工序。纱线种类繁多，要经过很多复杂的工序。这些工序从故事'鹤的报恩'中描写的时代开始传承至今，一点都没有变过"。柴田先生这样笑着说。

　　例如，要织 1.5 米宽的布，需要 1 千～1 万根经线。在尾州，这样的经线大概是每 400 根为一个组做整理，称为"部分整经"。结合布的纹样，将需要的经线在经轴架上固定好，穿过整经机器缠绕在一个滚筒式的部件上。由于"Shibata Technotex"的技术备受好评，订单几乎都是一些复杂的纹样和全身的大图案。

　　整理经线的过程中只要有一根线弄错，后面的努力就会全部白费。缝制复杂的花纹时，需要认真画好设计图，然后一边确认纱线号码一边织造。"毕竟布也是一大串数字的排列呀！"柴田先生如是说。

纱线的种类不同，特性也不同，就像每个人都有自己的个性一样，有很合得来的，也有不适合在一起的。整理经线的准备和张力的调整完全依靠人的技术。在采访时看见绷好的纱线上蒙了一层薄布，询问得知这是用来调整张力的。

"因为惯性，卷线常常会回弹，蒙上布就可以进行微小的调整"。

整经的完成度十分影响下一道织布工序的质量，更和工厂本身的劳动效率息息相关。因此过程中必须保持紧张感。

"那种没有接触过的纱线做起来最困难。只能一边设想一边慢慢试着进行。但是如果接受了来自顾客有关纱线的特别需求，我们也会抱着试一试的心态答应下来。因为感觉会十分有意思"。

这可能就是技术人员的自尊心使然吧。

"已经习惯于处理天然纤维，我们的设备也是专门面向天然纤维而设。但是也有各种困难点。羊毛易出碎屑，在纺织过程中如果羊毛碎屑混入亚麻纺织中，之后亚麻的染色中就容易出现斑痕，这也是一个技术瓶颈。为了解决这个问题，我们会使用加湿器防止静电，在完成的整匹布料里取少量进行染色试验等"。

那 nest Robe 的亚麻产品在生产上会很困难吗？

"亚麻是没有弹性的纱线，所以调整张力的过程会比较困难。如果过

于松弛，面料就无法呈现那种垂直的质感，只有掌握诀窍才能把整经作业做好。这么多种素材里面还是亚麻最难，不仅不耐磨，纱线还很容易断"。

人工作业是应对突发状况最好的方式

经线准备就绪之后，就要设置纬线了。织布机的经线是上下方向，在经线之后穿入纬线即可完成织布。经线穿过的部件叫作综片，将经线一根根地穿入一片片细薄的金属片中间的洞里。两个人一组负责做这项穿入综片的工作，若改变穿插方式，可以织成斜纹面料。

在这之后，将经线穿过筘，即可把一片片细薄的金属叶片等距离排列。叶片与叶片之间穿入纱线，是决定织物密度的决定性因素，也影响着是硬挺的面料还是柔软的面料。

"基于织物设计书，会指定一定距离里穿过纱线的根数，比如 1 英寸的距离中需要有 39 根纱线穿过，在作业过程中就要反复细心地确认这个数字。虽然机器也可以做这个工序，但如果是特殊的纱线，还是人工作业会比较保险"。

"我们会使用各种各样不同品类的纱线，有像头发丝一样细的纱线，

也有手工毛织物般粗的纱线。这样以来光靠机器是不能把它们精确差别化出来的，所以人工作业对这道工序非常重要"。

这道工序是十分费神的，有一个地方出错就要全部重来。经过重重准备，将经纬线设置进织布机，就可以完成织布。如果在织布过程中线断了，虽说机器也会报告，但还是需要人工去时刻检查细小部分的调整。

"因为整经线和织布都需要精确到小数点后几位的毫米单位，所以只能依靠工人的经验来做。熟练匠人的价值就在于此"。

使用最尖端的机器或许可以解决这些问题。但这所工厂还使用着建立工厂时购入的已经使用长达25年的机器。

"有考虑过要投入最新的机器，新机器更适合简单大量的生产。工厂所用的老机器虽然速度大不如前，但对于做一些复杂稀有的花纹可以更灵活地应对。考虑到这点，最后还是保留了现在的机器以及做法"。

不懈地坚持所在，价值所在。无边的价值所在，传承所在

"自从做了这个工作，就好像变得有点神经质了。因为这是一份必须踏踏实实、兢兢业业做好每一点的工作。

　　工作环境也十分严酷，夏天工厂室内温度都超过 40 摄氏度。因为要保证减少断线，所以使用了加湿器，工人在夏天都要瘦 10 公斤左右"。

　　即使是这样严苛的工作，柴田先生的祖父开始运营的工厂，也一代一代传到柴田先生的父亲和柴田先生本人手里。

　　"我小时候也经常听见父母抱怨说，怎么机器又坏了啊、又要花时间重来一遍、一直集中精力人太累了等的怨言。但那些怨言好像总是伴随父母的笑声听到的，所以我一直觉得这个工作一定十分有意思"。柴田先生有些不好意思地说道。

　　如今柴田先生的父亲柴田升先生担任着会长的职务。在采访的过程中，他还在工厂的一角织着一片白色的织物。

　　"我父亲如今已经不需要再操心盈利方面的问题，所以很自由。自己设计花样自己制作 T 恤，乐在其中。他还真是打心底里喜欢做衣服"。

　　这样说着的柴田先生，也一定是打心底里爱着这份工作。

　　"有时候厂商会把成衣拿来给我们看，或者是在街上正好看见的时候，真的非常自豪。啊，是我们织的布呢！一看就知道"。

一眼看上去以为是机织面料，但其实是针织的羊毛面料。使用的是拥有自然伸缩性的羊绒，且不是一般弱捻的纺织毛纱，而是机织面料的纱线，组织结构紧密，物理极限内紧紧编织，然后再做缩绒加工，最后做起绒加工。2020 年的秋冬系列中使用该面料制作了一体成型的针织款式，一件包裹住全身的长袍般的柔软大衣和连帽大衣。面料边缘可直接裁断，不需要门襟或者边缝，也让成衣减轻了不少重量。

编织　东纪纤维

使用旧式机器编织出的仿古面料

Vintage touch fabric crafted by
the old loopwheel machines

编织　东纪纤维（TOKI SEN-I CO.,Ltd）

　　和歌山纪州是针织产地。业界知名企业"东纪纤维"也坐落在这里。"东纪纤维"以圆筒形针织（下文中简称为"筒织"，一种张力极低的针织面料）而出名。"东纪纤维"原来是筒织面料的批发商，后来发现通过自己公司生产筒织面料将会有更充裕的交货时间，并且订货内容也更易沟通，因此创立了针织工厂"Aigat"，向工厂的多样化更进了一步。圆筒形针织机是一种从上方吊下来的回转式的筒状老式织布机。看着一圈圈旋转的机器，就好像在欣赏舞蹈一样。它们一度是针织作业的主力，如今已停产。日本还在使用的现役圆筒形针织机的公司，除了"东纪纤维"外还有2家。使用这种老式的圆筒形针织机，在织布的过程中能让空气和织物充分接触，而且机器对布料的拉扯力、压力很小，保持了棉线的天然蓬松，使织出来的布料极其柔软。

　　"因为织成的面料弹性很好，所以更贴合肌肤，穿起来也更加舒适。长时间穿着洗涤，面料也不会变薄变硬。另外，使用织针的头是圆头，不会划伤纱线，也减少了面料的负荷。这就是圆筒形针织机的特点"。

　　20 世纪 40~60 年代的古着运动衫和 T 恤大多都是使用圆筒形针织机

织的平纹面料，如今，即使是制作的新品也会看起来很像古着。

圆筒形针织机可以制作出如同手织般低张力的松软面料。尤其是老式低速机器，织出的衣片可以直接作为小码衣身使用。侧面没有分割缝，穿着更舒适贴身。使用一团纱线基本上只能做成无染色的样式，但使用先染的混合色纱线的话，就能依据纱线染色的方式织出花色。另外，在使用靛蓝染色的纱线时，为了防止灰尘混入，"东纪纤维"为其设有专门的小屋和机器。一台电动机也可供电给多台机器，能耗也十分低。只是这种圆筒形针织机早已停产，必须精心维护，专用的机针也只能从德国调货。细心地清扫机器的灰尘、检查机器的状态、更换零件，一般负责维护机器的专业人员会包揽日常使用和检查设备这两项工作，但能够懂得维护这种机器的专业人员变得越来越少。

"像这样的专业人员在我们这里有 2 位，虽然也在传授新人，但维护全靠长年累月积累的经验和感觉，一时半会儿就能够熟练操作几乎是不可能的"。

"有些零件也因机器停产而变得无法更换，所以我们还保留着备用机器，仅为了更换零件使用，平时并不投入生产。不同的机器也有自己的织布特色，完成的织品质感也有微小的特色，有着接近手工的质感"。

　　现在，多数针织工厂都将机器换成更高效的沉降片针织机。圆筒形针织机一个小时只能织出 1 米，量产用的沉降片针织机可以达到这个速度的十倍。"东纪纤维"也使用沉降片针织机，但根据速度等变量设定的不同品质和质感也有所不同，即使使用同样的机器，工厂不同、用法不同，完成品也参差不齐。另外，也可以制作颜色交错更替的面料，双层针织面料和华夫针织面料，内起绒的提花花纹等。

因对纱线的考究，研发了独特的面料

　　事实上"东纪纤维"一年要在法国巴黎开办两次展示会，因为有一半顾客是海外高级奢侈品牌。在讨论设计和最终效果的时候，能从纱线开始向顾客提供选择是优势。所以比起把面料成品批发给纤维交易公司，直接和品牌进行交流会更多。因为并不是随时有原料库存，所以从订货开始，工期起码需要一个月以上的时间，从纱线开始每一道工序都严谨讲究精心打造，这就是"东纪纤维"得以立足的最大原因。"东纪纤维"的制品有 6~7 成是公司自己企划并开发的原创纱线。

　　企业一向秉承着"与自然共生"的方针，专注于天然有机材料，生产

过程中保证每道工序都达到环保标准是企业的一大特征。并且，在一年前搬到现在的工厂新址时，还在周边建立了生物小区。

　　"和肌肤直接接触的环状部分使用的是天然有机棉和天然有机混合棉。现阶段因价格原因还不能达到百分之百使用，但会尽可能地提高 OCS（Organic Content Standard，有机含量标准）认证的有机棉的使用量。只有生产量提高，价格才能稳定，也可以保持工厂良好的运作体系循环"。

"东纪纤维"使用圆筒形针织机制作的套头卫衣。拥有着如同手织一般柔软蓬松的触感。面料内侧绒毛是 100% 纯棉。表面用 40 号纱线，中间用 30 号 S 捻（右捻）纱线，起绒部分用的是 10 号纱线。花费大量时间编织出的面料，拥有肌肤的触感。

织布 · 批发销售　AKAI

追求做最极致品质的亚麻

Uncompromising pursuit
to offer the finest linens

织布·批发销售　AKAI

　　追溯至 100 余年之前，日本最初的亚麻流通公司"AKAI"就已经存在，是如今"AKAI"社长赤井弥一郎先生的祖父在大正元年（1912 年）创办的，当时的主要业务是销售制作榻榻米的材料。

　　赤井弥一郎说："当时榻榻米的边缘是使用亚麻材料做的。从那时开始就对亚麻产生了特殊的爱吧。1912 年赤井峰太郎商店开业，专门贩卖亚麻制品。从此，从亚麻制蚊帐和榻榻米，再到时装，囊括了亚麻、大麻、苎麻、黄麻各种品类。如今传到我这里已经是第三代了。在京都传到第七代、第八代的都大有人在，而我只是个不值一提的第三代而已"。

　　上一代的社长，也就是弥一郎先生的父亲，在儿子出生的同年——1941 年创办了亚麻专门织布工厂"京都麻织物工厂"。弥一郎先生大学毕业后的两年内一直在此学习，从布匹的打包（一般从工厂发出的成品布匹需要用绳子进行特殊的打包），再到学习织布机和亚麻纱线相关的知识等。

　　"当时一起上学的很多同学家里都在经营光鲜亮丽的生意，例如和服衣料等。相比起来，亚麻生意显得很素雅。但是祖父和父亲都告诫过我只准专心做亚麻，我又是独生子，所以就遵循了祖辈的旨意"。

　　在那之后，弥一郎先生进入总公司，从会计开始学习并熟悉公司商业买卖的基本知识。但是仅仅过了 5 年，世界上开始出现化纤和合成纤维，很快席卷市场。日本有 3 家亚麻纺织公司相继倒闭，工厂停业，一直为"AKAI"供货的亚麻纺织公司也放弃本地生产，将生产重心转移海外。于是，为了今后亚麻的供货渠道和原料更加稳定，弥一郎先生决定去往亚麻的主要产地欧洲。

　　"和现在不同，当时去一趟欧洲需要的花费非常大，所以当时我也被要求长期滞留在那里多学一点东西。从踏足比利时，然后是英国的北爱尔兰、法国、瑞典、捷克、罗马尼亚、匈牙利等地，开始了各国的巡游学习。现在想想，那个年代能够去遥远的欧洲亚麻业界访问的亚洲人真的少之又少呀。我受到了包括非常有影响力的原材料经销商"PROCOTEX"创始人为首的优秀人士们的认可和喜爱，并被传授了各种各样的知识。现在它们也成今天"AKAI"的基石"。

　　当时，为了寻找纤维染色的细纱线，弥一郎先生在意大利遇到著名的纺织制造厂商"Linificio"，至今也还保持着商业上的往来。

　　"也有失败的经历啊。比如在罗马尼亚购买亚麻面料，因为很便宜，所以购买了很多。当时因对方用腐蚀性极强的化学品洗涤面料，导致面料

苛性脆化。而对方公司并不承认是自己的过失，最终进行了长达 5 年的交涉，才退了货"。

"就这样，在 20 多岁到 50 多岁的岁月里，每年有 200 多天是在欧洲度过的。与如今不同，当时也没有互联网，很多第一手资料是没办法入手的，所以亲自去当地采购是非常有必要的，尤其重要的是当年的作物收成。因为亚麻归根结底是植物，也是农作物，想要稳定的收成其实很难。丰收或者是收成不好，都会直接影响亚麻的品质。现在也是，即使工厂都转移至中国等地，但原料的原产地还是以欧洲为主。为了从产地源头知悉亚麻，AKAI 的社员都会被安排去欧洲研修"。

亚麻还有更多的可能性

继承了家业，携手亚麻度过了将近半个世纪时光的弥一郎先生，如今已经是世界顶尖的亚麻大师之一。现在，他开始重新审视亚麻的价值和未来的发展。

"现在环保的概念正在渗入各行各业。与石油以及化学制品不同，天然材料会无害地回归土壤。因此，对天然材料我们必须物尽其用，尤其是

亚麻这种功能性和时尚性兼具，保温吸湿性能优异的天然产物。亚麻纤维的横断面有空心结构，可以储存空气，具有隔绝作用，作成床单被套的话可以保温，很适合冬天使用。

还有，试着用棉和亚麻混合而织的手帕吸收墨水，会发现吸水性好得惊人"。

弥一郎先生对亚麻的爱也延伸到自己生活的方方面面，床单甚至枕套都用亚麻料亲自打造。

"我的妻子在 21 年前去世了，从那之后就只有亚麻陪在我的身边。原本只是植物，并没有什么特殊的意义。棉、羊毛或蚕丝也可以纺织成纱线。但历史上人类最早使用的纤维还是亚麻。日本也同样，最早有记载使用的纤维就是亚麻了"。

经线和纬线的交织，可以创造出无限的可能性。

"'京都麻织物工厂'当然也配置有现代化的高速剑杆织机，但传统梭织机也被视为重要的使用机器。梭织机速度虽慢，但织横幅较窄的布料时，经线和纬线都没有过多的负担，所以可以织出柔软高密度的布料，并且很细致地表现出表面的凹凸质感。虽说可以根据织出的成品调整面料的质感，但机织机完成的织物穿在身上有肌肤的触感，随着时间变化也会有

不同的表现"。

　　和曾经相比，亚麻变得受欢迎了起来，在迈十年里，亚麻制品的消费增长了三倍。虽然如此，"AKAI"也不是会和任何公司做生意的。

　　"主要看对方的公司氛围吧，还要看公司负责人的观念。并不是仅具有潜力的公司就能成为我们的客户"。

　　长期做着亚麻相关生意，和各种各样的人打过交道的弥一郎先生一字一句都很有分量。

　　"日本发展到今天，是从各种文化中汲取营养进化发展而来的。比起各行开花，今后还是深耕在一个领域里会更有优势。我们并不是做成衣的公司，而是只制作亚麻面料，'说起亚麻的话还得是AKAI'，如果想要有这样的评价，那就要始终如一地贯彻坚持下去"。

两种不同种类的亚麻纱线互相交织、这款具有阴影视觉效果的尾州产粗花呢面料，需要使用意大利"Linificio"开发的亚麻真丝纱线。这种蚕丝原料有着粗碎丝和竹节般的质朴外观，与亚麻同样具有良好透气性以及保湿性。最后对成品洗涤加工，呈现出自然的质感。

左下配图的夹层亚麻剪裁休闲夹克、休闲裤，又被称为"赤耳"，使用的是"AKAI"的梭织机器织出的面料。本来它是一种结实的面料，一般用作制作衣服的辅材"内衬布"，但面料成品经过加工赋予其用于制衣的质感。洗涤之后也会有不同程度的缩水，但随着穿着时间变长，面料会越来越贴合身体、穿着感更加舒适。

右下配图的衬衫详情请见第 153 页。

提花织造　Marunaka

孕育复杂织纹的提花织造厂

Highly valued artisanal works

Jacquard Fabric manufacturer

提花织造　Marunaka

在东京中心区域池袋搭乘电车出发，大约花费 1 小时即可抵达的埼玉县饭能市。这里是关东平原的最西端，再往西就是茫茫大山。据说明治时代，这里曾经是著名的富冈纺纱厂纺织纱线的产地之一，尤其擅长真丝等极其纤细的织纱和织棉工作。

在这片土地上扎根了 50 年的织物老行家"Marunaka"为 nest Robe 提供亚麻的提花织造。从整经（织物所需长度和根数的经线需要提前备好）到织纱都是本厂作业，染色以及去胶干燥等成品的整理工序则由其他签约工厂完成。"Marunaka"非常擅长精致的设计，对于繁多的品种可以进行少而精的生产。

"支持日本战后复兴的纤维产业如今在慢慢衰退，原因是过于依赖大量生产的模式。我们拥有可以应对各种需求的技术，善于多品种的少量生产。如亚麻或羊毛等，必须在熟知素材特性的基础上设计织法。这比起大量生产一个固定的东西要困难。能够做到这一点是日本独有的技术能力，我们之所以能够幸存下来，是因为我们在这个领域努力耕耘"。

除了接受来自各个企业的普通订单，如果有接到"想做这样的布"这样的要求，就要从布料纱线开始下功夫然后才能开始织布。使用同样粗细的纱线，排列组成和捻纱方式不同，面料的质感也会变得不同。运用多年来的直觉的积累之外，有时也会使用老式的手动检捻机来检查捻纱。

nest Robe 的亚麻提花用德国制造的织机以及比利时制造的提花装置这 2 台机器结合织成，一眼便能发现织纹十分精致而通透。为了防止灰尘进入机器、使用压气机吸出灰尘、每作业 4000 根线便会断一次线，需要打一次结，这些都是只有人手才能胜任的工作。

"提花花纹，最早是由手工匠人手工制作的。随着 IT 行业的进化，我们也引进了新技术。购置了高价的德国制造机器，运用各种经验掌握了从大面积花纹到多色运用、复杂的织纹手法"。任职执行董事的中里明宏先生如是说。

但是，亚麻提花无论经纱纬纱都需要用亚麻纺制。亚麻纱线的弱点是摩擦力弱、容易断线。曾经的手工织机可以慢慢织布，所以不成问题，但效率低，做不到可以流通的量。为了解决这个问题，"Marunaka"下工夫研发出了水溶性的维尼纶纱线包裹亚麻的方法，使其强度增加后再纺织

"即使是这样，因为天然材料容易断线，所以工厂需要很好地控制较高的湿度等，需要各种细微的调整"。

成布质量因使用机器的人而异

　　在问到支撑"Marunaka"技术的秘诀时，中里先生讲了面试的故事。由于这家工厂正巧就是附近的年轻人的就业场所，因此对机械或纺织业并不是那么了解的人也会前来应聘。而面试的必考项目就是在织布过程中给断了的线打结。

　　"一开始是 1 小时的打结方法的讲解，然后是 1 小时的练习时间，最后是考试。比起聘用手巧的人，我们更倾向于可以集中听别人讲解并且可以理解消化的人。因为从前开始打结方法就是口口相传的。这个工序需要打的结要不显眼，并且要尽可能地小。这些技巧都不会写在书里。能仔细听讲然后理解的人，在日后的工作中也会一样地认真细致"。

　　在织物工厂工作，不需要一开始就掌握特殊技能。

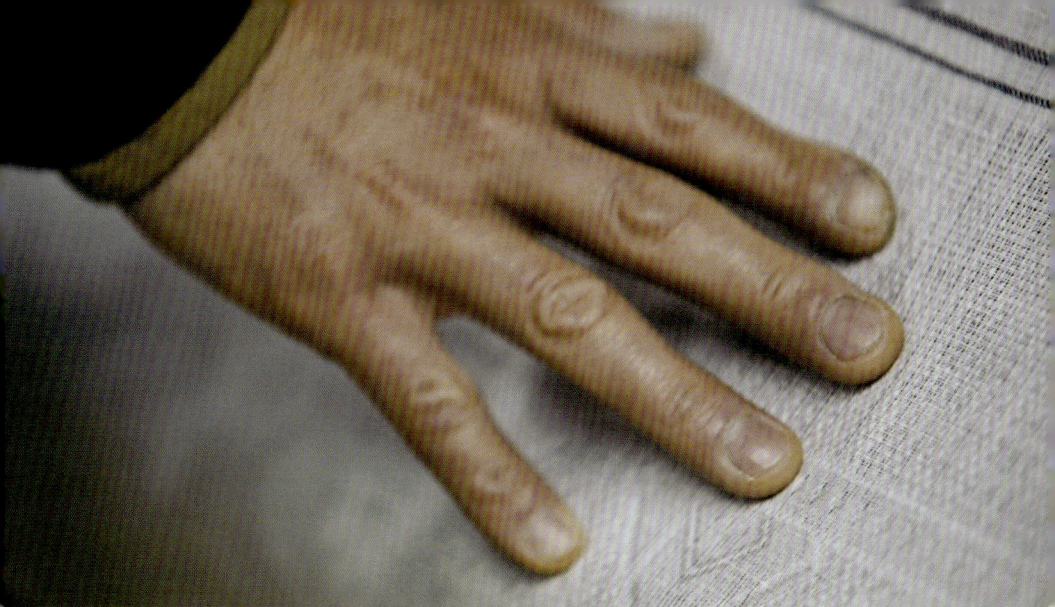

Highly valued artisanal works
Jacquard Fabric manufacturer

"最基础的事情是要能勤勤恳恳地工作，好好完成自己的工作再交接给别人。最终的成果都是由这些一点一滴积累而成"。

从纺纱开始到织布、加工、缝制、染色，终将一件衣服完成，烦琐的工作层层叠叠。织布工厂的工作也是这样的过程。

"一开始不会做也好，做错了也好，都没关系。但是，马虎地对待自己能够完成的工作是绝对不行的。我们会严厉训斥这种工作态度。最重要的是，对待工作能否百分之百认真。机械加工也是必须人工监督完成，我们绝不能把偷工减料的产品交给客人"。

顺便说一下，不止亚麻提花，别的纱线的经线也常有断线的事情发生。每到这个时候机器都会自动停止，需要人工仔细检查重新打结。尽管这个痕迹一般人都看不出来，但一匹布如果有 7 个以上地方打结，就会被判定为 B 品（有缺点的布匹）。而容易断线的亚麻，这个风险会更高。虽然这是 "Marunaka" 对品质的极致追求，但最终甚至可能导致用尽精力、细心纺纱的产品无法正价销售的情况。

　　而 nest Robe 则是容许了这些布料的个体差异，让天然纤维独有的这些纱线的碎丝、结节和织痕的自然歪扭一同保留下来。比起千篇一律，天然素材所特有的接近于手工的质感、穿着感和外观都更加有魅力。正是因为很多人都认同这一价值观，nest Robe 的服装才得以延续到今天。

经线使用细亚麻纱线，编织成网状的凝纱提花面料制作而成的连衣裙。透气性和吸湿性优异，在闷热的夏日穿着，能让身体感到一丝丝清凉。经过重复洗涤，亚麻的质感会越发自然古朴。条纹的部分使用了有色纯棉纱线。并且为了强调面料的轻盈，全身采用了单层剪裁。在裙摆处加入褶皱，营造在风中翩翩飘动的飘逸感。

缝制　T·M公司

通过服装行业实践，实现可持续发展社会

Mindful effort and approach
to sustainable apparel industry

缝制　T·M 公司

　　"T·M Corporation"是 nest Robe 的缝纫工厂，原本是一个在日本三重县雇用着 500 人的工厂。因为在附近新建了一所大型电力公司的工厂而导致人力资源不足，随后移址至大阪。

　　但是当时由于服装行业的状况开始不景气（参照第 18 页的阐述），为了将租金降至最低，如今已移址至德岛。

　　工厂实行外国人技能实习制度，招募从国外来的劳动者作为研修生在这里工作。工厂园区内有研修生使用的宿舍，并且在园区设有农田地，可供在这里生活的人自给自足。在休息日研修生们可以在田里干活，作为休闲福利，每年有一次全体员工出海钓鱼的机会。另外，每年可以有一次回国探亲的机会，费用也由 "T·M Corporation" 承担。研修生们几乎不需要花费生活费，并且在 3 年研修期满回国之时还能攒下一笔不少的工资。近几年，公司制度发生了变化。3 年期满的研修生如果通过了缝纫和日语考试，可以申请延长 2 年的研修时间。这个制度对在修订前期满回国的研修生也适用，所以有很多回国了又再次来到工厂的人。

　　雷曼兄弟事件之后，价格竞争越发激烈，市场价格下调，市场价格的

低廉决定了材料成本价格也必须更加便宜。

　　工厂工作量也有峰谷之分，比如这一周需要熬夜加班加点干活，下一周就几乎没什么工作，因此无法支付加班费用。如果这个生产模式不改善，总有一天大家会一起倒下。

　　从 1950 年（日本昭和 25 年）在大阪创业，以承包 T 恤和内衣制造为主的针织缝纫工厂"next"创建品牌 nest Robe，正是为了能够向工厂方支付恰当公平的加工费。带着"让我们做出改变！让我们去引领服装行业！"这样的志向，工厂创立了品牌，开始运营直营店。从此，活用自己公司培养的制造技术和各产地的制造商一起携手共同制造服装。"T·M Corporation"开始减少其他品牌的外包工作，在品牌创立的第 5 年，已经可以只靠生产"nest Robe"的产品就足以获取足够的资金运营整个工厂。随着公司自产自销的模式渐渐走上正轨，同时也实现了创立品牌时定下的目标。从创立品牌到如今的 17 年里，更是完成了工厂工人人数的递增、工厂面积的扩大以及生产量的提高。工厂所有的屋顶都安装了太阳能发电装置，用于弥补工厂所需消耗的电力。工厂内的地板都是采用德岛县当地原生的杉树木材，均厚达 3cm。光脚走在上面十分舒适，阻热性能强大。另外，工厂均使用二氧化碳排量少、气体能率高的锅炉，以保证排放物是否符合环保要求。

何为"MONOZUKURI"的工匠精神

　　缝纫工厂最开始的作业内容是摊布。所谓摊布，就是为了可以一口气剪裁很多面料，需要把面料层层叠叠地摊开。关键是需要上下面料都摊平摊齐，反复检查面料上有没有划痕脏痕，以及纸样能否对齐。在对齐布纹的情况下，让一匹布尽可能多地裁出布片。虽说排列板工作可以交给电脑，但是实际操作中要避开布匹的划痕脏痕，就需要专业人员的手动调整。此外，有弹性的针织面料一般都在晚上进行摊布工作，使其静置一个晚上，让面料自然收缩，在那之后再进行排板的工作。黏合衬受热便会溶化，所以需要小心缓慢地移动机器来裁剪布料。即使是像这样严谨作业，并使用最新型的机器，面料以及作业内容的不同也常常会导致发生一些非常规的问题，这个时候就需要专业人员运用多年的经验来随机应变了。

　　在工厂转移至德岛县的时候，将摊布和自动裁断的机器更新为 20 米长的最新型号。为了防止布匹错位，在上面覆盖了塑料膜，然后从下往上吸附固定的同时进行裁剪作业，这样能够完美地裁下纸板形状的布片，效率提升到过去的 4 倍之多。实际上一次层叠剪裁的量可以更多，但"T·M Corporation"认为精密度更加重要，就减少了一次层叠的量。

剪裁的时候，同时需要加入刻痕。nest Robe/CONFECT 样板的特点是需要很多刻痕。刻痕是在缝纫过程中，从缝制开始到结束，需要对位的记号。刻痕越多，对缝纫精准度要求就越高，难度也越大。尽管效率会变低，但慢工出细活，成品的质感以及舒适度会大幅提升。比如代表着缩缝指示的缩缝记号，nest Robe/CONFECT 的一个袖子上可能有 7 个之多。当然就算没有缩缝记号也能缝，但是有记号会更好操作。因为人体结构，人的胳膊会自然向前侧倾斜。因此缩缝记号是为了缝制完成廓型可以更加贴合人体结构，穿着感更舒适。在缝制过程中需要精细的调整，所以也很考验手工艺人的能力。一般没有缩缝标记，缝制时间只需要 30 秒，缩缝记号多的情况下，一个熟练的手工艺人需要花 7~8 分钟。

nest Robe/ CONFECT 高品质服装的最大支持，不仅是对每一道工序的讲究，还有在每个岗位上都严格把关的工作人员。有一位长年工作在"T·M Corporation"流水线的优秀女性技工，她并不是有多么高超的缝制技术，而是具备精准地把握作业流程和内容以及给出指示的管理能力。比如处理高密度织物时，因为缝制针孔会破坏面料而需要调派熟练技工，并吩咐生产线对空气进行加湿等，在生产线出现情况时及时发号施令、应对各种突发情况。正因为像她这样的调度负责人存在，工厂的生产作业才会

更加顺畅。

另外，流水线上也会有反馈如"这个样板的暗褶和饰边很多，光是对齐印记就要花很长时间"的专员。只顾着一味还原设计而不考虑工厂，不仅工钱不会因此增加，还可能会对工厂造成沉重的负担。

尽管很难兼顾两方取得平衡，但工厂会在继续保证流水线上的声音能被一一反馈的基础上追求更好的设计。不仅要做大众喜爱的设计，还要做到倾听并且理解工厂，做真正的"MONOZUKURI"，这才是 nest Robe/CONFECT 一直以来坚持的初心。

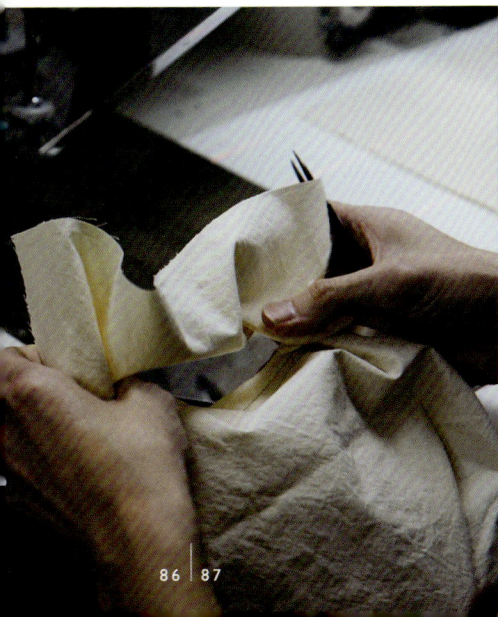

染色·后期加工　HANGLOOSE

源自加工厂的新时代工厂模式

The finishing factory with
new innovative technologies

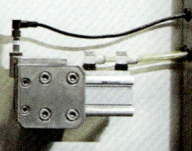

染色·后期加工　HANGLOOSE

　　nest Robe/CONFECT 的牛仔裤，使用亚麻牛仔面料"精工细作"。以往在工厂加工中，沙粒和面料的碎屑在空中飞舞，充斥在工厂的角角落落。这样的脱色作业环境对工作人员的身体健康有害，所以把一般使用的喷砂器换成了臭氧脱色和"miracle bio"（使用一种特殊的酶，让微生物侵蚀使其可以表现出自然脱色）。而作为 nest Robe/ CONFECT 加工和染色工厂的"HANGLOOSE"，进入工厂却是一种明亮整洁的氛围。伴随背景音乐，一群 20～30 岁的年轻人在愉快地工作着。

　　"HANGLOOSE"的现任社长是年仅 40 余岁的山本厚先生，这是他在 20 岁时一手创办的牛仔裤做旧加工工厂。成长在日本国产牛仔裤著名产地冈山的山本先生，怀揣着对牛仔裤的热爱步入了这个行业。此时正巧碰上一个创业 60 年的老工厂停业，于是就把它接手下来。从给工厂的机器进行翻修到工厂一步步建立，全部都是山本先生一个人着手开始的。一边试错一边坚持研发新技术，一台一台添加新的机器，如今已经是拥有多名技术人员的工厂。"HANGLOOSE"的成功主要源于自主开发能力和技术能力。

冈山和日本国内其他产地一样，缝纫和加工均由不同工厂分别完成。

　　而山本先生则以自主开发和新颖的提案见长，所以一般不是承包某个工厂的活，而是直接从品牌接受订单。

　　其主要业务是将牛仔裤进行做旧加工，以得到古着的效果。但是，为了达到表面锉刀磨损的效果而进行的水洗做旧处理会产生大量的纤维粉尘以及水洗染料排出的废水，这不但对环境有害，对工人的身体也会造成很大伤害。为此"HANGLOOSE"最近引进了"激光脱色"和"臭氧脱色"的技术。在臭氧脱色加工中，机械会让空气中的等离子放电形成臭氧，而臭氧具有的强酸性腐蚀可以使牛仔染料脱色。这项技术既减少了用水量，使用过的臭氧还会自然分解为氧气回归空气。

　　"利用空气的力量完成脱色工序既减少了废水的排出，而且不需要使用化学药物，对环境十分有利。本来脱色加工就一定会伴随着大量的用水，并且每个工厂的用水量均有规定。单是不再需要大量用水就能完成脱色加工这一点已经非常感激了，脱氧技术还可以完成脱浆工序，比较脆弱的面料脱色工作也更加简易，工作效率也提高了"。

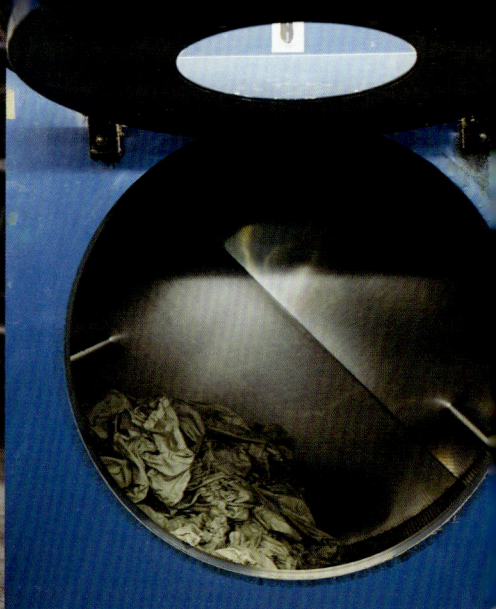

新的技术和精细的手工作业只有这里才能做到

　　"HANGLOOSE"不仅承包了 nest Robe/CONFECT 的牛仔裤加工，同时也接亚麻制品染色的订单。

　　一般的衣服是从纱线或面料染色之后缝制而成的。但是 nest Robe/CONFECT 很多产品是先缝制然后进行成衣染色。因为成衣染色能够做出古着的立体质感，使每一件衣服都有着微妙不同的外观而极具独特的价值。但是伴随的是成衣染色具有更大的风险。尤其是亚麻本身摩擦易破，用以往的办法染色很容易对面料造成损坏。为了完美表达折边和蕾丝的设计，这项工序必须用人手操作。这时，苦恼中的 nest Robe/CONFECT 与"HANGLOOSE"相遇了。

　　"亚麻和棉需要精炼工序。精炼和染色一样重要，需要时间和前期准备工作，然后用染料染色，直到完全干燥。但天然素材往往会出现与预想颜色大相径庭的情况。所以每次在接到新颜色需求时，都需要先用同样面料的样品进行试染"。

　　在干燥的过程中也有很多注意点。比如袖子等部分会很容易缠绕在一起，所以都是一件衣服用一个干燥机。并且为了防止给面料过多的伤害，

干燥温度需设置为低温，等候衣服慢慢干燥，这是一项非常花时间和精力的工序。

　　"虽然很烦琐，但是为了满意的完成度必须手工作业。一味追求作业效率，有一些工作是无法完成的"。

　　正是这样追求高质量产品，"HANGLOOSE"在业界广受好评。并且他们着力于研发，未来更是会使完成度更上一层楼。"HANGLOOSE"作为新型开展非外包承包业务的成功个例，显示这也许是工厂或产地走向未来、开拓未来的金钥匙。

nest Robe 15 周年纪念单品。以"Tea Leaf &
Routes——茶叶之道"为主题，茶道中点茶技
艺使用的绸巾为设计灵感来源，颜色选择了红
色和紫色。粉色使用红花，而紫色是用紫根。
经过一道道工序加工，完成了如图令人沉静的
颜色。面料是 nest Robe 的经典用料——细纱
线纺织而成的轻量面料。细腻柔软的肌肤触
感，在穿着中沉淀出别样的韵味。

编织　吉冈广一袜业

小小的袜子中包含着日产品质的追求

Commitment to Japan made

high-quality socks

编织 吉冈广一袜业（YOSHIOKA HIROKAZU SOCKS）

奈良是袜子的著名产地，日本国内有 34% 的袜子均产自此处。"吉冈广一袜业"坐落的广陵町，袜子生产企业已经变少，但在过去，这里的制袜工厂一座接着一座。不同的工厂擅长不同的工艺，比如擅长提花的 A 工厂、擅长起绒加工的 B 工厂等。自己工厂接了活，也会分工给别的工厂制作。这种相互之间的扶持协助，就是作为产地的优势。

编织袜子的机器很小，但小小的机械中包含各种各样复杂的功能。即使同样使用机器编织，也会根据使用机器的人的审美和技术的高低不同，编织花纹和外观的精致与否也会各不一样。同样，即使是同一个人，也会在一年之后由于审美的变化以及技术的成熟生产出有细微不同的产品。袜子制造就是如此精妙的工作。而带花纹的袜子更是考验技术人员的调整机器、配线等能力。

机器中肉眼看不见部分的调整是最重要的。这只能依靠技术人员的感觉以及经验。因为机器较老，所以在调整的时候要非常温柔小心。尽管也有可以用显示屏操作的新机器，但价格高昂。

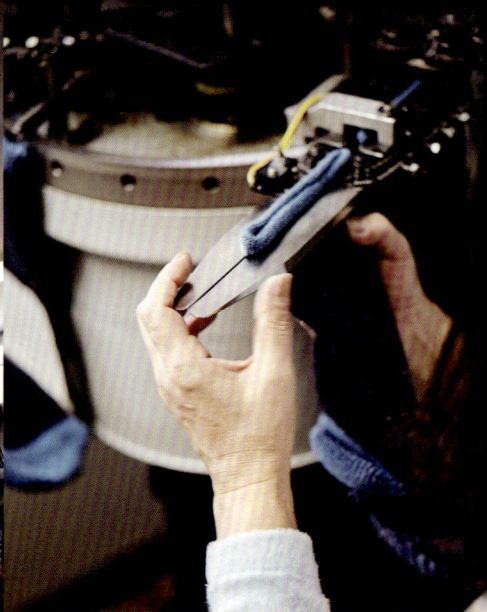

　　"老机器不仅耐用，也不容易出问题，分解好部件一点点调试的话，还能用很久"。

　　机器根据编织纹样，针眼数是固定的，所以需要根据纱线的粗细选择机器。在普通的平针针织中，只需要一个"釜"（安置编针的零件）的机器；而 nest Robe 的罗纹产品，则需要有两个"釜"分上下设置的双规格。

　　"亚麻真丝的纱线很硬，很难编织。这种粗纱线，如果不专门用机器缓慢回转编织，就有可能缠绕在一起。为了不让这种失误使时间转化的营业额变负，就要尽可能地高效率运作"。

　　是的，对于工厂，"时间就是金钱"，一个小时能转化为多少件产品是重点。如何流畅地作业，减少次品的出现是重中之重。更何况如今服装行业并不景气。袜子的生产有很多也都转移到了海外人工更便宜的地方，日本产地的情况十分严峻。因此工厂时常弥漫着一种十分紧张的气氛。

　　"订单要是减少了，制作会亏损，不做也会亏损。只要开动机器就需要花钱，有些时候工厂只能一天工作，一天休息"。

在这样严峻的经营环境下，后继者不足的问题也逐渐显现出来。日本国内的产地几乎都遇到了同样的问题。到底如何解决这个问题呢？

现在，袜子筒状的部分是连在一起一双一双地剪裁出来，脚趾的部分是用别的机器完成的。脚趾的缝制作业是交给广陵町的家庭主妇完成的。这非常考验技术熟练程度，以至于出现了"如果不是她们的话就做不了"的现状。缝制完成的袜子，在加工工厂里稍加压力让其略缩，才能最终成为商品。小小一双袜子，也需要经过如此多道工序才能诞生。"1000 日元（折合人民币约 60 元）3 双"的低价可能已经很普遍，但是高品质的日本国产袜子的穿着感完全不同，只要穿一穿就会明白。穿衣时尚中双脚也是重要因素，所以要选择好的袜子。

如果只追求便宜的东西，产地就会变得疲惫。调整老机器制作出高品质袜子的匠人技法以及可以继承这些技术的人可能会在不久的将来完全消失。生产第一线遇到的问题，也需要传递给消费者，需要改变他们的消费观念，这样消费者以适宜的价格购买高质量的袜子一定能更为珍惜。

使用亚麻未染色纱线和真丝
染色纱线合捻成的一根纱线。
2020 年春夏品牌推出了燕麦
色、粉色、浅蓝色三色温柔的
淡色系产品。秋冬则选择了深
浅不一的亚麻和真丝纱线，深
色的纱线中掺有未染色亚麻纱
线，如同大地上打着霜一般的
颜色。亚麻特有的吸湿性使肌
肤触感更加干爽，真丝特有的
保湿性使触感更加柔软。一年
四季都很适合穿着。

染色　风光舍

自然风和阳光干燥下的自然质感

Fabric finished

by the traditional sun-dry method

染色　风光舍（KAZEKOSHA）

　　靠近工厂入口处，染好的一匹一匹面料就好像在晾晒大件衣物般挂在那儿随着风起起伏伏。"风光舍"就如名字里写的那样，是用自然风和太阳光来干燥的染色工厂。用独特的颜色染色和自然干燥，将 nest Robe 一直以来坚持对纱线用料的讲究，并且由此纺织而成的天然面料拥有的丰富表情最大限度地表现出来。

　　染色的过程其实并不复杂。首先是精炼织布工厂寄来的布匹。如果就这么直接染色，染料很难上色。将纤维中含有的脂肪质和不纯物质、添加剂、灰尘除去，浸泡在含有精炼剂的热水里。然后在一个"釜"的类似巨大洗衣机的拉缸中放入精炼过的未染色布料和染料，正转和反转反复操作的同时加高温度，从而染色。一次可以放入机器染色的布料是 18 米左右，并会根据面料的厚度进行调整。18 米的布匹浸水后会相当沉重，搬运就是一项体力活。为了防止出现染色不均的斑痕，工人们会预先把面料叠好，用线扎好再投入机器。

　　"由于织物在染色过程中大多是处于松弛状态浸于染浴中，没有施加过多张力，所以染色后会缩短 15% ~ 20%。在机器中旋转的过程中会让面料逐渐变皱，多少会出现一些或深或浅的不均匀斑痕，以及特有的褶皱

感。这些斑痕与褶皱感就叫作面料独特的质感"。

　　"风光舍"也使用卷染色机，这是把面料卷在一支卷布辊上，通过染液后再卷到另一支卷布辊上。在染色过程中面料保持张力，所以不太会皱缩，皱褶和斑痕也不会出现。同样的面料染色方法不同所得到的质感也有所不同。nest Robe/CONFECT 为了让面料呈现出自然的质感，使用拉缸机器染色。

　　"只是面料的头尾偶尔会有卷入的情况，所以剪裁工厂在处理上面会很花功夫。这样的损耗几乎很难避免，因此需要品牌方的理解和缝制工厂的技术"。

　　即使如此，想要优先表现面料自然的质感和独特的魅力，细枝末节的生动的颜色，是"风光舍"精湛的技术才能表现的。织法的不同乃至原料的不同都应该采用不同的染色方法。比起使用鲜亮的反应染料，使用整体颜色沉静带灰的直接染料也是这家工厂的一大特色。

花时间精湛仔细的工序慢慢干燥

　　染好的面料，需要挂在室外竿子上干燥。

"春夏晴朗的日子里，只需要40分钟左右的时间干燥。而梅雨季节或是冬天就会比较辛苦，交货期也会相应延迟，我们会在一开始就预先向顾客交代"。

静冈县西部冬季西北来的强风下，面料可以蓬松地完成干燥。尽管和干燥机相比，自然风干是效率低下的老方法，但是只有这种方法才能表现出独一无二的自然质感。好不容易不加张力染出的布，要是在干燥机中被机器的压力和张力一折腾，面料原本生动的皱褶就会变得极其死板。为了尽可能地在裁剪的时候少一点损失，则需要多一道工序，即在横幅延展的大机器上缓慢地延展皱褶。

"这是一种40年前的机器，有两端用夹子夹住面料的装置。将面料用恰到好处的力量进行伸展。新型的横幅延展机器的两端是用针固定面料，这种固定方式会使张力过大"。

不光是去除褶皱，所有工序都要考验技术人员的经验技术。有些面料需要用专门的机器烤一下毛边，之后才能发货。完成全部工序的面料，由技术人员手工控制边缘的褶皱，慢慢地卷起布匹。在交货时，会在标签上备注"请独立裁剪和缝制每匹布"。因为每一匹布不是同一批次染色，会存在少许色差。如果同一件衣服上使用不同匹的布料，色差就会十分明显。

如此复杂烦琐的制作和使用流程，真是令人感叹。但这正说明了一味追求效率只会适得其反，唯有精工细作才能孕育出如此生动且极具魅力的面料。

法国的 safilin 公司使用世界
上最古老的亚麻纺织制造商
纺织的竹节少且纤细的亚麻
纱线。这种高密度纺织而成
的面料，经"风光舍"少量
手工染色作业之后自然风干。
沉稳的颜色，搭配着蓬松干
爽的触感，呈现出独特的质
感。本衣上市于 2020 年秋
冬，以艾德琳·弗吉尼亚·伍
尔芙为主题设计。面料的质
感和褶边须边的处理，都表
现出浓厚的复古氛围。

染色　泽染工

唯一一家在亚麻产地做染色的工厂

The only dye factory
specialized in dyeing linen

染色　泽染工（Dye-Works Sawa）

"泽染工"作为染色工厂，尤其擅长亚麻纤维的染色。其在京都的西阵地区创业，一直经营真丝染色，由上上一代移址至滋贺县。滋贺·近江依傍着从铃鹿山脉流淌至琵琶湖的水路，有丰富的水资源，自古以来便是亚麻产地。而"泽染工"就在这里经营着亚麻染色的生意。亚麻是较难染色的材料，并且由于是天然材料，个体差异较大。能否将亚麻均一漂亮地染色，是判断技术力的重要标准。因此，亚麻染色也成为"泽染工"钻研技术的方向。在公司内部举行小样的染色考核，力求将色彩做到业界第一。

"首先是要从电脑中调出颜色数据，进行染料的调配考试。这台机器是从 20 年前就开始使用了，现在还在用软盘储存数据呢"。

据负责人说，无论机器怎么更新换代，最重要的是还是工人调配染料的技术，所以没有必要使用新机器。而且只靠机器给出的数值作为染料调配的参考，由于材料不同、季节不同，颜色也会产生微妙的差异。所以为了调配出精准的颜色，需要反复试验。

"但是不断地重复作业，会因为疲劳而将就于不满意的颜色。这时候

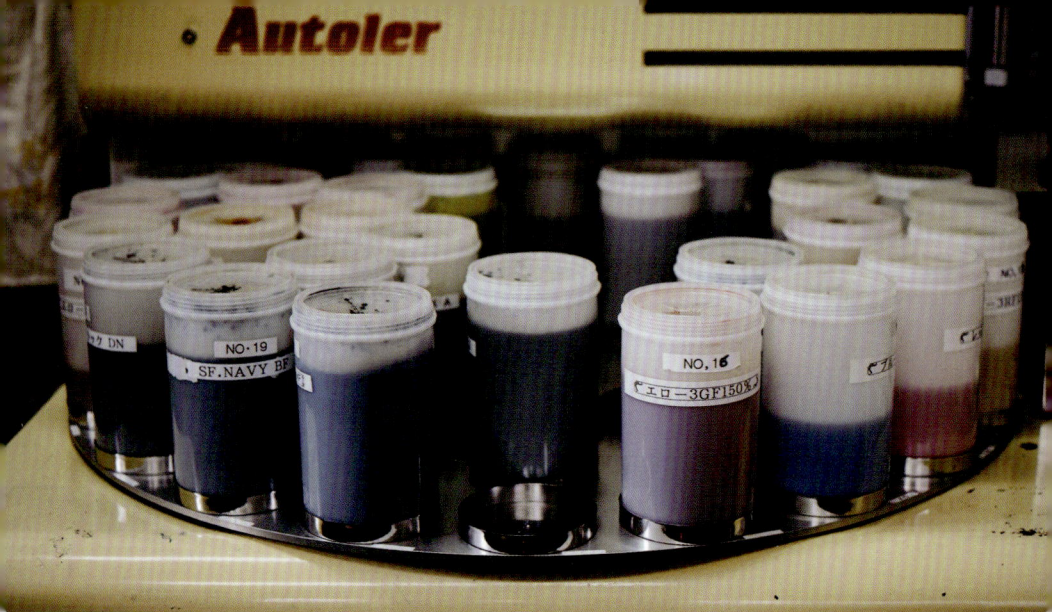

就需要多人一起检查，以及一台能够冷静判断的电脑了"。

但电脑也只能完成到相近的颜色。因为染色需要用到地下水，季节变化导致水质不同，也会影响最终的颜色。

"染色并不是 1+1=2 的世界。根据不同的季节要做出细微的调整，甚至由于自己的身体状况不同，看到的颜色也会变得不一样"。

因为使用地下水，所以在废水处理方面也很花心思。

"废水最终会流到琵琶湖里，所以不能含有有害物质。不能使用海边染色工厂常使用的含有金属的染料，而使用反应染料。我们的技术可能就是为了因地制宜而不断进行改进的"。

磨炼独一无二的技术

小镇工厂实行的是变通的生产体制，可以处理小量、多品种、短期交货等各种要求的订单。"泽染工"的优势在于储备了精湛的技术核心和多名优秀的技术人员。当然和大公司也有交易，但不想在价格上做出让步以及无底线地接受订单。

"了解我们坚持的东西才是最重要的。人员少，所以工厂能承受的量

也很有限。在合作方面，我们会优先选择那些重视品质的客户"。

长年累月坚持不懈地磨练技术、开发新产品的"泽染工"，拥有很多独一无二的染色方法，尤其是广受好评并已登录商标的"Le Point"染色法。这种技术是一种亚麻专用染色法，可以只染纤维的表面，内侧还是自然的白色。通过染色后独特的洗晒处理，表面会出现一些点状斑痕，生动活泼别有一番质感。而且比起靛蓝染色和颜料染色更加牢固，不易掉色。

"其实，这项技术是通过改进失败方案而诞生的染色法。本来是打算将纱线内侧也一并染色，但是失败了没染到内侧。但这样的状态反而比较新颖，而且颜色很牢固，于是便做成了商品"。

这样灵活变通的发散思维，可谓十分有"泽染工"的风范。

"为了开发新产品，需要新的力量和新的想法。所以在招募员工的时候，不会录用有经验的人"。

跟随着熟练工匠，经验和技术能力是可以传承的。

染色有意思的地方是从失败变成成功，经验和技术都在提升的过程。技术能力不断积累从而找到自己独特的路线以及坚持不懈不断钻研新技术的求知之心，正是拥有如此追求进步的工厂，品牌才能诞生更高品质的产品。

纱线经捻纱之后放置至蓬松，之后再进一步染色的"Le Point"染色法染色的纱线，经过一次次洗涤会变成靛蓝染色般的自然褪色质感。空气注入捻过的纱线会使纱线变得蓬松柔软。用这样的纱线纺织而成的"AIR LINEN"面料，制成女士无袖上衣。发挥面料柔软质地的特性，在领子周围加入褶皱，整体形成A字廓型，是这件单品的特点。

整理加工　大长

作为地方产业将传统用现代的方式传承

Passing down the local traditions
of fabric finishing techniques for generations

整理加工　大长（DAICHO CO.,LTD）

"说起麻的加工，就要数'大长'了"，在日本服装业界流传着这样一句话。群山环绕，临近琵琶湖湿气浓重，受到来自铃鹿山脉清流恩惠的近江地区，是麻制造织造、染色、加工最适宜的地方。传承自古野洲漂白麻的工艺工序，近江上布因纺织加工而繁荣。"大长"在130年前，从近江上布的整理加工开始创业。如今工厂由创始人的曾孙大桥富美夫先生担任社长，他同时也是一名近江上布的传统工艺人。

漂白，是将面料变得更柔软、更易染色的工艺。日本自古以来便会着用麻制衣物，但所使用的麻不是如今的亚麻，而是大麻和苎麻。将非常硬的纤维制作成衣类和寝具，就需要这种漂白工艺。

近江揉缩，是一种将麻面料用手揉搓使其质地变得柔软的加工方法。首先需要将浸湿面料搓成棒球大小的圆柱形，放在揉搓台上将体重压上去进行揉搓。经过一段时间仔细揉搓，将原本僵硬的麻变得柔软，面料也会出现细纹。根据面料种类的不同使用的力气和时间也会有调整。然后将有了随机细纹的面料的端口重合卷成绳索形状，放置在去皱板上，沾上水用手滚转。如今能做传统近江揉缩加工的地方逐渐减少，而去皱板也根据每个加工工厂所用的素材和雕刻方式不尽相同。

"去皱板的使用是从'二战'后开始的事情了。'战前'是在草席上用手套加工的。如果试一试会发现其实比用去皱板更加方便。如今的布有很多浆，草席会很容易发霉。后来我灵机一动，随着时代的变化，做法也应顺应时代而变化"。大桥先生如是说。

在室外用竿子晾着自然干燥的话，独特纤细的皱褶会加深成布的韵味。而在褶皱的凹凸上形成空气层，呈现出干爽利落的触感。成品不黏着皮肤、触感轻薄，非常适合炎热的夏天穿着。

"以前是贴在洗粘板上干燥，干燥完便会自然脱落，这是一个很优秀的处理方法。我现在正在想办法让这种机制重新被运用"。

正因为是地方产业，才可以更自如地使用机器

"大长"最初是一家家族企业，随着技术能力的提高和订货量的增加，工厂的规模也变大了。如今在这一带拥有多家工厂，变成了需要在办公室里制作和分配指令的规模。为了用机器进行高效的加工，会提前把面料用缝纫机缝在一起，并进行除胶和烤毛边、精炼等的整理作业。

每一道工序都体现着"大长"强大的技术能力，因而得到了业界一致

的信赖。如今效率提高了，全工序都用手揉搓的订单渐渐减少了，但还是有很多品牌青睐只有近江揉缩的手法能做出的自然的褶皱。

"如今能够用机械的地方都用上了机械。但这是在产地本身就已经具有技术能力和工艺的基础上才能办到的。并且，就算是同一台机器，也并不是在哪里都能做出同样的加工"。

从中可以感受到大桥先生对产地的传统深深的自豪感。

这件单品的初衷是将手艺人的手艺传承下去。上页所展示的单品，使用的是高密度棉麻混纺面料，经过近江漂白工序的加工，从而得到质地适中、柔软又保持面料弹力紧实的连衣裙成品。细小的凹凸质感使面料与肌肤之间保持着一些空隙，干爽的触感让穿着更加舒适。近江揉缩的加工中，较大的衣物是无法进行手工揉搓的。所以本次展示的单品是披肩而不是衣服，是在用粗细不同的亚麻纱线平织出的纱布上进行近江揉缩加工。

染色·织布　SHOWA

　　"作为日常穿着而备受大众喜爱的牛仔裤，如果使用100%亚麻材质制作，一定会更加舒适"，正是由此想法而诞生了亚麻牛仔裤。nest Robe 定制下单的工厂，是位于牛仔布产地冈山县仓敷市儿岛的"SHOWA"。"SHOWA"是唯一一家从染色、编织到成品加工一体化的牛仔制造厂，使用在产地一般不被使用的羊绒、真丝、羊毛、亚麻等纱线制成牛仔面料，在世界上也享有盛誉。"SHOWA"致力于开发再利用和有机素材以及以天然染色为概念的环保系列产品。从 2005 年的秋冬系列开始，亚麻牛仔面料首次被使用，但是当时遇到了如因素材纤细而导致面料的经纬对不齐或是松弛失去弹性等问题。在多次碰壁、不断地试错后，靠不断地调整改进织物的密度（纱线的根数）以及重复加工试验最终完成。这种面料越使用越会变得柔软，穿着时与身体也越来越服帖，是支撑今天的 nest Robe 的一款非常重要的基础面料。

染色 山阳染工

　　备后蓝绯株式会社于 1925 年创立。在日本享有盛名的靛蓝染产地广岛县备后地区，一直以来都不是故步自封保守做法，而是在不断地革新的同时提高技术力。蓼蓝（用于靛蓝染色的植物）作为植物，湿度和气温乃至季节都会直接影响它的状态。因为颜色的掌控是难点，技术人员要培养"眼睛"和"感觉"，并且还要一直在更新换代的生产设备上进行细微的调整。另外，"山阳染工"使用自主研发的蓝染连续染色机对布匹进行拔染和着色拔染的连续加工。这是在日本国内也是十分罕见的技术，更是实现了靛蓝染色大量生产的"山阳染工"的一大强处。不仅如此，这家工厂还成功实现了成本的减少，还可以提供融合特殊印染技法并极具附加值的产品。

　　在 nest Robe 2020 年秋冬系列中，品牌定制使用了"二段式拔染"的印染面料。用 60 号亚麻单纱线织成的平织面料进行靛蓝染色，之后再用浓淡两种颜色的颜料进行拔染印花。

纺织品制造商　FEDE LEGNO

　　为 nest Robe/CONFECT 提供与设计理念契合的面料
的是爱知县一宫市的面料制造商"FEDE LEGNO"。例如上
方图片的亚麻纱布织成的马德拉斯格纹，为了表现出浓淡
相宜的层次感，"一阳染工"的芯白染的亚麻纱线共使用了
5～7 种颜色。这种纱经过纺织工厂"浅野毛织"的整经织
成面料，织好的面料要经过"TAGUCHI"的人工检查。亚
麻与其他纱线相比纺织难度更大，所以需要将比较明显的
竹节和线头去除，断线的部分要一一进行手工修补。进行
这步工序的是"Sotoh 一宫营业所"和"横山 washer"。他
们能够做出你想要的质感，如为了纺织更加顺滑而把在纱
线上涂抹的糊状物全部剥落，凸显亚麻本来的脆生利落的
质感和自然褶皱的质感；或者是拍打面料降低其弹性，让
整体呈现自然的感觉。

蕾丝刺绣　ELworks

　　要想营造甜美的小细节和凉爽氛围的时候，可以在衣服的底摆、领子和袖口部分添加刺绣蕾丝。生产工序经常被誉为"8 成靠准备，2 成靠生产"，前期准备时间尤为重要。

　　首先是将一个纱线锥细分为最多 1040 根纱线，并将它们卷在纸管上，准备作为表面的纱线，然后准备与表面的纱线相同数量的内侧的纱线（卷成蚕蛹状的纱线）塞进专用的盒子里。下一步是将剪成 15 厘米左右的 3 ~ 4 块布片连接起来，合成一块较大的布片的状态。将其装入机器并进行刺绣，是工匠技艺的体现。万一面料在生产过程中倾斜则会导致刺绣也倾斜，为了防止此现象并保证刺绣一定是正位，需要 2 个人安放面料并固定。面料的张力也是一项重要的因素，需要配合面料的特性，调整到便于进行刺绣的张力下才能开始刺绣工作。另外，针的填装位置也直接影响着刺绣图案，工匠会以毫米为单位进行确认，同时把纱线的粗细与花纹的大小都要考虑进来，人工进行慎重的填装。这种针为表面一针、内侧一针的设置，单独一人需要花费很多时间，因此经常是动员整个工厂的人一起来做这项准备工作。经过以上全部步骤，准备工作才算完成。在这之后基本上就是机械自动作业，但是当发生断线或者纱线弹力不均等不可控的变动时，还是需要人工检查，内侧纱线的更新更换也在这时进行。加工时，断线的地方需要人手代替机器修补。用双手绣出复杂的花纹，是只有熟练的匠人才能担任的工作。正是因为经过一道道精心细心的前期准备以及复杂烦琐的工序，才呈现出了最美的成品。

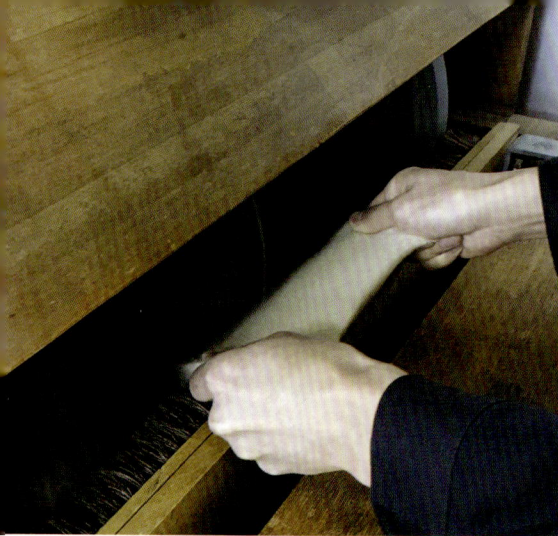

纺纱·针织制造商　佐藤纤维

　　在"二战"时期便开始羊只饲养的山形县，如今仍然聚集着众多纤维和纺织制造厂、染色工厂。

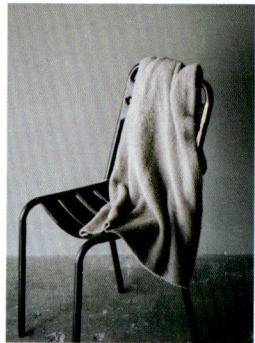

　　从面料、编织纹样开发到制品制作全部一手包办，在产地实现产业链一体化的生产方式是这里的特点。其中以针织品的生产而出名的寒河江市内，一家从 1932 年开始经营纺织业的纺织、针织制造工厂"佐藤纤维"不仅掌握了包括羊毛以及其他兽毛纱线的特殊形状设计感纱线和工业纺织纱线的纺织工艺，还致力于棉麻等天然植物纤维的企划开发。这里着重介绍的，是使用一种名叫"起绒草"的植物果实（又名刺果）的刺来进行起绒加工的技艺。起绒草因长得像蓟而被误认，所以以前一直被叫作蓟起绒。操作时，将黏着刺果的面料放入滚筒机器中来回滚动，纤维就会被搓出自然的绒毛，比起用针挑出的绒毛要更加有光泽而且柔软，另外还残留有独特的波纹。

批发销售　中山商店

　　在南美洲秘鲁海拔 3800 米的安第斯区域，有一座位于的的喀喀湖畔的城市：普诺。在这个地方住着古老的艾马拉族和克丘亚族，他们以经营农业为主。在农作的闲暇时期，他们会用手纺织羊驼毛和羊毛的纱线并制作成针织制品，以增加收入。

　　秘鲁的羊毛纱线以轻量且蓬松为特征。安第斯山脉的纱线工厂使用的老式机器纺织，加捻较弱，粗细不均。使用这样纱线编织的产品个体差异较大，反而营造出了流水线大量生产所无法表现出来的韵味。另外，与其他产地的纱线相比，其油分和水分都相对少，看起来更加饱满蓬松，穿着感也更加轻盈柔软。弱捻的纱线使得空气充盈在当中，保温性也是极佳的。

臭氧漂白

　　雪漂白源自新泻县的小千谷起皱和奈良县的奈良漂白，是传统的麻布漂白方法。在日晒开始变强的初春雪融时期，将布匹放平在雪上 10 天。雪受到强烈直晒的日光时，由于红外线的热作用会开始融化，水蒸气挥发。雪表面的空气因红外线的热作用和雪的反射作用温度升高，伴随着水蒸气上升，使得气压降低，形成空气回流。水蒸气在这种高温低压的状态中吸收紫外线之后，氧气和氮气会变得不稳定并形成臭氧。这种臭氧和亚麻的色素会发生化学反应，自然而然地完成了漂白工序。

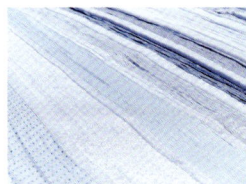

摄影：永田忠彦
（ JAL 会员杂志 *AGORA*
2019 年 1、2 月合并刊 ）

　　这种在厚雪的土地上巧妙地运用自然环境而产生的雪漂白的方法，在现代化学里就演变成了现在的臭氧脱色。空气中的氧气进行人工等离子放电从而生成臭氧，在低温中纤维和臭氧形成化学反应进行精炼漂白。这种方法既节省能源，也降低了化学物质使用和排出废水量及二氧化碳排放量。化学药剂进行的漂白往往会伤害面料使之残留黄色的痕迹，而臭氧漂白则避免了这些问题，白色保持的时间也数倍增长。nest Robe/CONFECT 的牛仔和衬衫，都是经过臭氧漂白加以洗涤加工的。

nest Robe 的考究之处

Essence of nest Robe

购买了一件衬衫，伸手穿过袖窿，它经过长年累月穿着，又耐住反反复复洗涤。上述步骤之后才算是 nest Robe 的衬衫第一次被「制作完成」。

nest Robe/CONFECT 的基本理念是"SLOW MADE IN JAPAN"（精工细作的慢时尚）。为了追求舒适的穿着感，品牌更愿意花上时间和精力制作出讲究的产品。例如，使用梭织机等低速机器编织、经过手工染色、天然日光干燥、经匠人之手费时费精力制作的衬衫，可以穿着很久，且越穿越贴合人体，越能呈现出别样的韵味。即这件衣服会在时间的历练中因穿着的人而变成独一无二的一件。包括这一点在内，nest Robe/CONFECT 才被称为"SLOW MADE IN JAPAN"。但是如今社会主流更重视效率，大多为了提高效率而加快制作的速度。真诚地邀请您穿一次试一试，您一定会被日本出色的匠人手艺而折服。

细细叙述的话，真的要说很多都说不完。在衣服制作的过程中会遇到很多选择项。例如，面料是该从纱线染色之后再纺织，还是先纺织再染色。从纱线染色的情况又分为"绞纱染色"和"筒子染色"。"筒子染色"是将短纤纱或长丝卷绕在布满孔眼的筒管上，然后将其套在染色机、载纱器上并放入筒子染色机内，借主泵的作用使染液在筒子纱线或纤维之间穿透循环，实现快速着色的一种染色技法。而将短纤纱或长丝在摇纱机上变换成一框框连在一起的绞纱，然后在各种形式的染色机中浸染的染色方式即为"绞纱染色"。当然"筒子染色"的方法更加有效率（比之前更加有效率的是经轴染色）。但nest Robe/CONFECT 因为不给纱线加太多绷力而选择了"绞纱染色"。在60～80℃的染料中本来纱线是会自然缩紧的，如果是"筒子染色"需要将纱线缠绕在筒管上，使得纱线无法自然缩紧，这样会使纱线失去一定的弹性。因此即使是同一道工序，选择不同的处理方法也会让这个步骤下完成的纱线或面料产生完全不一样的质感和穿着体验。

染色后的纱线将会纺织成面料，

织布机和编织机也有各种类型。考虑到效率，比起梭织机，选择现代化的高速剑杆织机更好；比起圆筒形针织机织，沉降片针织机被使用得更多、更高效。比高速剑杆织机效率还要高的喷气投纬织机一天甚至可以织 200 米的布，但织成的梭织面料没有伸缩性。梭织机虽然缓慢但不给纱线施加过多的力，一天虽然只能织出 20 米，但织出的面料富有良好的伸缩性。穿着这样织出的布，舒适感一定也有所不同。只要想象 T 恤等使用的针织面料和衬衫所使用的梭织面料之间的不同，便能很好地理解。如果是紧贴人体设计的衣服，那应该选用有伸缩性的针织面料，这样手肘关节和肩膀就更加容易活动。

也就是说，梭织机和高速剑杆织机的选用是根据所需面料质感而决定的。并不是因为觉得"老古董做出来的衣服才是最好的"而使用它。强行制作昂贵的衣服，反而会成为顾客的负担，这样一来会亏本。

继续往下说，在不给纱线过多的负荷下纺织的面料，水洗过后常常会出现缩水现象。于是，想要让衣服的各个码数都正确地反映出来，就需要进行防缩工序。但是，nest Robe/CONFECT 还是想保留面料原汁原味的质感，会从一开始就做得稍大一点。这样越洗就会和人体越来越贴合，自然而然地越穿就越舒适了。尺寸有偏差对于成品也许是缺点，但 nest Robe/CONFECT 更想遵循自己的理念，优先考虑穿着舒适感。

nest Robe/CONFECT 的主要单品是亚麻制品。亚麻这种素材，非常结实、有韧性、耐水洗，即使是频繁洗涤也有较强的耐久度。而且经过重复洗涤亚麻会越洗越柔软，更显色泽，通常使用 2 年左右是状态最佳的时期。实际上，真的存在使用了 10 年的 nest Robe/CONFECT 手帕仍然触感丝滑，舒适亲肤。如果是棉质手帕的话，一定已经被磨破了。另外亚麻的纤维较硬，染料很难进入芯。为了保留这种特性，使用只染表面的"芯白染"方法来染色，穿久了就自然显现内侧轻轻的泛白风貌，呈现别样的韵味。换句话说，nest Robe/CONFECT 的衣服是可以培育成长的衣服。

虽然这么说，品牌刚起步的时候，作为天然纤维的亚麻还没有广泛地被世人接受。因为原料是植物，所以面料上残留的竹节和纤维头是很正常的，而且根据生产批次颜色也会有所差异，当时很多人认为这是残次品。我们必须把"这正是 nest Robe/CONFECT 商品的韵味"这种细节的讲究真挚地传达出去，让同样喜欢并且理解的客人来购买。

就像上述所说，品牌优先想保留纱线和面料的原汁原味，所以面料的经纬线会出现一定的歪扭。但是这反而提高了缝制的难度，从而也需要工匠们高超的技术以及认真的态度来制作了。就算是缝好之后用熨斗使劲熨烫成型来蒙混过关，买回家后只要一经水洗就会露馅。虽然对品牌来说是 300 件里的仅 1件，但对顾客来说就仅有 1 件啊。

nest Robe/CONFECT 的衣服更注重于内涵，所以对在店铺售卖的工作人员，品牌也要求"不需要过分地去劝说客人购买。首先能和客人说上话，能让客人了解我们就好"。不是为了业绩去一味地劝说购买，而是想让顾客先了解接受我们。因此品牌也不设置业绩考评。因为品牌对用心做的东西有信心，相信每位客人只要把衣服拿在手上，就会明白 nest Robe/CONFECT 的匠心。

nest Robe/CONFECT 珍藏系列

起绒亚麻剪裁休闲夹克

2017 年秋冬
CONFECT

Brushed linen tailored jacket

　　由"在冬天可以享受的亚麻"的提案中开发的产品，便是起绒亚麻。CONFECT 从 2010 年开始使用这种面料，通过得到包括顾客的反馈和工作人员自己穿着的感想来进行一步步的改进。CONFECT 每年冬季都会推出使用平纹或是斜纹布作为基底，在表面施加以起绒加工的起绒亚麻产品。2018 年，在"AKAI"的提议下，CONFECT 开始使用 40 号双纱线的平纹面料制作夹克。双纱线比单纱线的起绒层次更深，密度也更大，可以营造丝滑致密的质感。有恰到好处的重量和色泽，在休闲中又透着高雅大气。尽管是亚麻，却有着让人误以为是羊毛的外表，穿在身上会有一种瞬间放松的服帖感，且越穿和身体越贴合，"就好像是毛衫一样"。虽然是夹克，却没有装腔作势的生硬之感，穿在身上显得很自然，在成熟风格的人群中广受好评。另外，虽然衣服最理想的是手洗清理，但也可以放入洗衣袋中机洗。并且亚麻特有的速干性使得穿着时不会闷汗，比起羊毛制品更能轻松地护理。

起绒亚麻宽松单排扣外套

2014 年秋冬
CONFECT

Brushed linen Balmacaan coat

　　起绒亚麻大衣从 2010 年开始面市。立志"要把起绒亚麻做到优雅成熟之最"，CONFECT 在 2014 年开始使用斜纹面料。斜纹面料比起像油画布一样的平纹密度要更大，浮于表面的经线也更加能够表现出亚麻本来的光泽。但是与此相对的是重量的大幅增加。衣服长度减短，在连肩袖设计上下了工夫，也不一定会被所有人接受。但是同时也得到了"这个重量刚刚好。这个面料好喜欢"。这样的意见。还有顾客对于亚麻有这样意外的表现产生明显的兴趣，并对这些优点产生了共鸣。正因为有这些顾客存在，CONFECT 才得以坚持到了今天。并且，从长时间穿着的店员们那里得到了不少反馈：正因为有重量带来的分量感，皱褶才更容易抚平，是那种看起来就很高级、很有质感的大衣；越穿越贴合身体，保温功能相当出色。随着认同的声音一点点增多，终于变成今天的人气商品。如今不仅是大衣，也上架了如在第 68 页展示的夹克款式。如今的暖冬气候，亚麻大衣将是你的最佳选择。而今后，使用中等厚重度的面料制作的无内衬大衣也将陆续推出。

亚麻工装

2009 年春夏
CONFECT

Linen shop coat

"可以干脆利落地套在 T 恤外面的亚麻大衣"。CONFECT 根据多方提议，在第一个系列中制作了这款大衣。起点为休闲的工装大衣，融入了"想要更加传统的形象"而演化成切斯特大衣。在此基础上，关于细节设计方面还参考了顾客的反馈而有所改进。例如，前衣身不再加入过多的像沟壑一样的褶皱，前衣身内侧（指把纽扣解开并完全打开前身两侧的两翼时向外展露的内侧部分）的翻衬改得更大，前襟领开口的位置改得更低。另外，后摆的开衩（指位于大衣外侧、背部下摆中央的开衩处）因为水洗后会缩水变翘，于是将开衩也取消了。

但一直不变的是一直使用着亚麻衬衫的面料。衬衫面料使用在大衣上，使得从春开始到夏初、夏末作为外搭外套都非常合适。另外，因为没有加里衬，并且经过成衣水洗加工，让大衣在自家就可以安心洗涤。如今，这款大衣也成为 CONFECT 的标志性单品。

亚麻牛仔外套

2011 年秋冬
CONFECT

Linen denim coverall

　　CONFECT 最初使用牛仔面料，就是在外套、裤子和背心上。外套的工装韵味，体现在金属四合扣和脖子上的扣板以及敞口的口袋等设计细节上，还有为了保持衣服的耐久性而使用粗纱线进行压线。使用较硬面料所制作的廓型感很强的外套，当转而改为亚麻面料制作时，衣服会呈现出一种放松的温和轻快感以及沉稳的色泽，而且亚麻牛仔会越穿越贴合人体。同样是 12.5 盎司的牛仔面料，棉质牛仔则会凸显雾面的质感并自带有弹性的厚重感。这种差异就十分有趣。把亚麻应用到牛仔这种历史悠久又经典的面料中，颠覆了以往牛仔布的刻板印象，使男装的工装、军装等传统硬派的风格都变得更圆滑更柔和，让日常生活中可以更多融入以上元素。保留并发挥这样的特征，正是 CONFECT 制作拉链夹克、裤子和衬衫的动力所在。

semoh 联名产品

2012 年秋冬
semoh × CONFECT

Collaboration jacket with semoh

　　semoh 是由设计师上山浩征先生创立的品牌，专注于将欧洲的古着进行再生产，把 100 年前的衣服用 100 年前的手法复活，并尝试对其进行产量化。semoh 的产品切实地引发了思考：在生活中到底如何去创造现代服装。不是去讴歌造物的伟大，而是去知晓过去、崇敬过去，将其应用到现代的设计当中。CONFECT 对此非常有共鸣，从 semoh 创始之初就一直进货。它不拘泥于最先进的制衣工艺，既逆行于潮流、又超前于潮流，这与 CONFECT 的制作理念同步，一拍即合。

　　上页图是 2012 年秋冬与 semoh 的联名定制款。袖子和衣身使用了不同面料的特色源自 semoh 的设计风格，而面料则是 CONFECT 极具自身风范的一选。

Suvin Pima 超长棉落棉内侧起绒套头卫衣

2020 年春夏
nest Robe/CONFECT

Ruffy suvin pima cotton sweat pullover

原产于印度的苏加塔棉和加勒比海域栽培的海岛棉的杂交，仅占世界棉花产量极少数的稀有超长棉——Suvin Pima。Suvin Pima 比起同种类的超长棉，混合之后可以制成的纱线表面的毛絮较少，且面料平滑柔软。然后，在纱线制造的过程中产生的被削掉部分的棉絮经过再利用，制作成了超长棉的落棉纱线。与一般的落棉纱线相比，使用超长棉的落棉纱线纤维更长，斑痕更少。并且也抑制了一些落棉特有的粗犷，体现了一些超长棉特有的平滑质感。

使用粗纱线作为内侧芯线，保证了面料具有一定的蓬松感，从而制成了针织般穿着感的套头卫衣。使用从核桃和槐树中提取的植物染料进行染色，染出灰度较高的漂亮的颜色，再用化学染色技法混合固色。尽管经过日常家庭洗涤，面料的色彩会渐渐褪去，但植物染色的魅力依旧十足。

有机棉白色亚麻天竺编织 T 恤

2016 年春夏
nest Robe

Organic cotton and white linen Tshirt

　　使用 50% 棉、50% 亚麻的混纺纱线，密隔距编织而成的简洁圆领八分袖 T 恤衫。白色亚麻纱线需要漂白亚麻原草，多数是经过化学处理的。但这件 T 恤使用的白色亚麻是比利时、法国地域培育出来的优良原草，不用漂白剂，使用鞣加工至泛白（在水中浸泡并精心敲击原料）。虽然花费时间和精力，但是对环境伤害更小，对纤维的伤害也更小。这种既能保留亚麻的机能，又能产生如同真丝般的光泽度的亚麻，被称作极品亚麻。这种白色亚麻纱线与超长棉的 Suvin Pima 有机棉混纺，实现了丝滑柔软、无可挑剔的肌肤触感。

墨汁靛蓝染亚麻罩衫连衣裙

2015 年春夏
nest Robe

Indigo linen smock dress

　　为纪念品牌 10 周年制作的罩衫连衣裙是根据 18 世纪后期法国饲养羊的作业者用罩衫重新设计的。一提到古典罩衫大家都会想到法国，但它的起源其实要追溯到 18 世纪前期的威尔士地区。当时罩衫是为了能够穿在衬衫和夹克的外面，因此设计多用褶皱，尺寸也相对肥大。为了方便伸手掏裤子的口袋，在两侧还设计有开口。为了更方便现代女性的在日常生活中穿着，在两侧加上了口袋的设计。

　　本品选用的是在亚麻纱线中以纤细为名的高密度纺织而成的高支纱，拥有法国古着般的质感和触感。为了染出有深度的颜色，在正式靛蓝染色之前使用硫化染先进行一次染色（呈现黑色）。因为面料是高密度纱线，所以有染料无法渗透的地方，以及压线部分染不到的地方，但这些不均反而营造出了古着的感觉，而且越穿越有韵味。

高支纱亚麻衬衫

2012 年秋冬
CONFECT

High thread count linen shirt

　　用极细的亚麻纱线纺织等高密度高支纱亚麻面料，拥有弹性和丝滑的触感，并微微带有光泽。因为是很细的纱线，所以在修整去除竹节上就有一定难度，并且纱线易断，给纺织也带来了一定难度。正因为如此面料价格也相应地比较昂贵，但同时内敛优雅的细腻丝滑的肌肤触感也证明了它值得这个价格。为了突出面料的质感，缝纫和加工更加需要下工夫。设计尽可能地简约，压线尽可能不在表面看得见，运针也选择使用在宴会衬衫上的细针脚。随着穿着时间变长，衣服呈现更加丝滑的触感，弹性有一定保持，曲线和廓型的维持也更加长久。薄并且密度较高，不仅适合春夏，就连秋冬也可以作为内搭使用，适合一年四季各个场合穿着。

　　如今已是 CONFECT 使用这种面料的第十个年头了。常规领衬衫、剪裁夹克、西裤等各种单品，赢得了男女老少、各种各样顾客的好评。

棉麻阔腿裤

2009 年秋冬
CONFECT

Cotton hemp wide pants

　　CONFECT 刚刚问世的时候推出的一条阔腿版型的裤子。这条非常亮眼的加宽版锥形裤已成为品牌的标志性风格，并至今还在被用不同材质所延续着。

　　图片上的面料，是经线为麻、纬线为棉的平纹纺织。分别使用 30 号等级粗细的纱线，2 根一股纺织而成，并施以酵素加工（使用特殊酵素，使布的表面被微生物腐蚀的一种加工），所以比起一般牛仔面料和丝光斜纹面料要更薄一层，呈现柔软细腻的质感。比起衬衫面料要厚实一些，为了在春夏季节以外也能穿着，还推出了夹克、裤子和背心等不同类型的单品。

　　面料使用的黑麻也是麻类植物的一种，和亚麻相比纤维更粗，也更加结实坚硬，相对呈现出粗犷的质感。不过不仅是因为这种材料越穿越有韵味，也是因为这种植物长得快并且不需要肥料，属于应该被活用的可持续材料。因此，通过不断地改善面料质感使它更加丝滑细腻，现在也用其制作并推出了许多新商品。

比马超长棉制作的夹克/长裤

2012 年秋冬
CONFECT

Supima cotton tailored jacket and pants

　　被分类为棉花最高级别的优质超长纤维棉——比
马棉，纤维长度是普通棉纤维的约 1.4 倍，可达到
35～40mm，表面少有绒毛且丝滑，拥有柔软的触感。
施加酵素，用滚筒机器将表面的绒毛除去，使面料呈现
独特的柔滑肌肤触感，只要触摸一次就难以忘怀，一经
推出便大受好评。2012 年首次使用之后，相继推出了同
样素材的大衣和夹克。如今变成了男装女装的畅销产品。
另外，此种面料拥有外表看起来犹如化纤的质感，已成
为 nest Robe 和 CONFECT 系列产品中独一无二的亮点，
适合风格多样的搭配。

　　因为采用了缩水可能性很大的面料，制品染色的话
会有走形的风险。在设计上也考虑到了这一点，缩缝的
设计、面料和内衬之间的缩水率差使下摆膨起、面料动
态等，都展现了休闲轻便的特点。

亚麻立领衬衫

2005 年秋冬
nest Robe

Linen band collar shirts

　　这款单品是 nest Robe 制作的第一款亚麻产品。这款设计源于古代美好悠闲的生活方式。nest Robe 想原创制作一件能够超越时代、就算在今天也绽放着美丽的复古衬衫。因为找不到非常满意的面料，所以在爱知县的尾州特别定制了面料。当时 nest Robe 的持店数过少，达不到工厂要求的定制量，曾经被拒绝了很多次。然而 nest Robe 并没有放弃，拿出复古面料样本来与对方不断地交涉"无论如何都想做这样的面料"。终于得到了两匹的成品面料。结果非常理想，到手的面料是高密度 100% 亚麻平织，与理想中的品质十分吻合。

　　衣服的廓型以 20 世纪 20 年代初期的工作衬衫为灵感，抛开最新的潮流时尚不谈，转而传达作为工作服拥有主流正统轮廓的机能美。这件立领衬衫经过设计改良，现在仍然活跃在品牌的生产线上。

亚麻双排扣大衣

2006 年秋冬
nest Robe

Double-breasted linen coat

　　这款单品是 nest Robe 秋冬系列首次推出的亚麻大衣。当时还没有在秋冬系列中用亚麻做过大衣，是品牌创始人为首的一群热爱亚麻的工作人员坚持要求下开始制作的。虽说如此，但到真正实现也下了一番功夫。经过不懈地交涉，终于在羊毛产地爱知县尾州找到了可以接受特别定制的工厂，制作了 100% 亚麻平纹织面料，随后生产了使用这种面料制成的单层大衣。其高密度有韧性的面料，在冬天也能起到一定的保暖作用。亚麻纱线纤维芯中空，饱含空气以起到隔绝作用。正是这样中空的结构保证了具有优良的保暖性能，穿起来意外地暖和。从这以后，亚麻羊毛和亚麻羊绒，起绒亚麻等面向秋冬系列的面料，也不断在每个冬天被研发出来。

　　"亚麻是春夏使用的面料"抛下这种固有观念，从面料开始就十分讲究的这款大衣，重新定义了亚麻表现出来的独特质感。最终，它的诞生确立了 nest Robe 的设计风格，吸引了大批粉丝，是意义非凡且值得纪念的一件单品。

SLOW 联名产品

2014 年春夏
SLOW × CONFECT

Collaboration bag with SLOW

　　不受潮流变化的影响，致力于追求慢慢地创作设计的日本包杂货品牌"SLOW"。"只做品牌也同样想拥有的东西"。在这样的品牌理念的指导下，产品越用越有韵味，充分利用日本工匠引以为豪的手艺，创作出可以慢慢地长时间使用的产品。其根源在于对欧美传统风格独到的诠释，休闲又不失端庄的设计深受众多粉丝喜爱。CONFECT 也同样看重这一点，继承原汁原味的经典设计，并在日本将它们重新展现在世人面前。另外，比起每一次的设计风格千差万别，"SLOW"将重点放在如何使用仅有几种素材的革新升级设计，以追求品质上的突破。对这一点 CONFECT 也十分有共鸣。从 2011 年开始到今天，两品牌依旧保持了良好的合作关系。图上这件单品是 2014 年面市的联名背包，由 CONFECT 选定颜色并使用皮革制作。它具有粗犷的手工艺感和复古韵味，有着顺应时代的简洁俏皮的设计，却又保留着传统的内涵和灵活性，这就是品牌所想要表达的坚定的制物态度。

谷袋再加工手提袋

2009 年春夏
nest Robe

Grain sack tote bag

谷袋源自 100 年的欧洲，是用于将谷物装入并搬运进市场贩卖的麻袋。是我们在购买店铺用具而到访英国时的偶然发现。这些谷袋大概是匈牙利的滞销商品，材质是 100% 亚麻。当时谷袋的制作使用的是家庭纺纱手工纺织制成的手工纺织呢，比起现代高速机器织出的布要更加厚实也更加牢固。古时制作的东西确实品质优良。nest Robe 想把这种样式和质感作为时尚传递出去，于是购置了一批谷袋，并在归国之后进行了重新加工，制成手提袋。每个包上都加入了首字母和条纹，花纹和尺寸都有所不同，也就是说每一个手提袋都是独一无二的。为了不让宝贵的面料被浪费，在剪裁和设计上费了一番心思。

15 周年纪念 ONE KILN CERAMICS 无把水杯

2020 年
nest Robe

Collaboration cup with
ONE KILN CERAMICS

　　为纪念品牌成立 15 周年而制作的无把水杯由鹿儿岛的陶瓷器工房"ONE KILN CERAMICS"制作，这个名字的解释为"一个炉子"。"THE SUN TO A TABLE"（让阳光照耀餐桌）秉承着这项哲学理念，为生活创造笑容和各种各样日常用品。"ONE KILN CERAMICS"主要使用模具制造产品，所以形状排列整齐。图片右侧是工厂自身进行挖掘以及自行混合当地土壤制成的"CULTIVATE"系列陶艺品。图片左侧是用独特配方调制樱岛的火山灰和各种矿物质，再经过釉药处理的"ASH"系列陶艺品。"ONE KILN CERAMICS"的每一件产品都来自因地制宜的土壤活用，呈现了土壤原汁原味的质感，在日常生活中越使用越沉淀出韵味。

披肩胸针 ZORION

2013 年
feltico × nest Robe

　　主要以花和植物为灵感，用毛毡制作饰品的毛毡花艺术家"feltico"的麻生顺子女士，自从接触欧洲手工羊毛毡艺术品以来，便开始自学这项艺术，开始了自身的创作生涯。她的作品不仅在日本国内的店铺里销售，还在中国台湾和伦敦的画廊进行了多次个人展和主题展，作品更是活跃在各种不同领域的不同场景中。温柔的色彩和羊毛毡的触感，都体现着细腻的表现力。小到胸针、复古用配饰，大到为音乐人提供的表演服装，全部都是独一无二的个人定制作品。品牌邀请麻生顺子女士为nest Robe 的系列产品设计了一款披肩胸针。这款胸针使用产自新西兰的羊毛做基底，再用秋冬羊毛纱线和棉、麻、亚麻、甘蔗纤维纱线组合的天然素材，一针一线制作而成。这款披肩胸针被命名为"ZORION"，是巴斯克语，寓意幸运和幸福。

蜂鸟亚麻围巾

2014 年
bm+e × nest Robe

Collaboration scarf with bm+e

　　这款蜂鸟亚麻围巾是与艺术家马场惠女士的品牌
"bm+e"联名的产品。马场惠女士善于展现植物形态的
美和机能美，着眼于植物本身的颜色和形体的形成过程
以及拟态等。以传统欧洲博物画技法，借助于铜版画和
标本的形式来发表艺术作品。在艺术作品之外，还创作
贴近生活的家居用品以及配饰。这样马场惠女士以自己
一贯的"从独到的视点再现自然的标本"风格，为 nest
Robe 创作了这件大胆的原创设计。以带来幸运的蜂鸟和
自然为灵感创作了这幅版画印花，诠释了对自然的赞叹
以及呼吁关注自然之美的美好愿景。面料选用天然麻的
米黄色，丝网印刷为纯黑色的图案，尽显古典端庄。

SANDERS 的鞋子

2008 年
nest Robe/CONFECT

SANDERS shoes

nest Robe/CONFECT 的设计风格归根结底是源于英伦工作服风格。使用天然素材制作穿着感舒适的衣服，搭配具有设计感的皮革鞋子。为了完美地完成这样的搭配，就少不了英国皮革制鞋老字号"SANDERS"。继承传统的固特异沿条鞋技艺（Goodyear Welted），"SANDERS"大部分鞋片都使用天然素材。他们还向英国国防部提供产品，由此可见其产品质量以及实力值得信赖。

震惊的是，与 nest Robe/CONFECT 的合作产品是"SANDERS"在日本市场第一次制作女士尺码。展示图上的款式是经典款式的军事线德比鞋。开普托和三根压线，低调地显出鞋型线条的存在感。鞋面采用抛光小牛皮，鞋底则采用橡胶抓地齿外底 (Commando Sole)。橡胶鞋底比起皮鞋底更抓地和耐水，雨天能够防滑，穿着更加安心。另外因为是固特异沿条鞋技艺（Goodyear Welted）制作而成，更加符合人体脚的形状，穿着更舒适，长时间行走也不会累。

Officine Creative 的鞋子

2006 年
nest Robe

Officine Creative shoes

　　"Officine Creative" 的所属公司 "DUCA DEL
NORD"，是成立于 1968 年的意大利制鞋商，同时承包
意大利著名奢侈品牌的生产。这样最高级的工厂，在
1995 年由设计师 Roberto Di Rosa 成立品牌 "Officine
Creative"。"时尚与经典并存" 以此为设计概念，运用最
新的制造技术，使用最高级的有机素材特别制作的靴子。
故意做出古着的质感，是 nest Robe 搭配中不可或缺的
重要存在。图片上是已穿着了 15 年的靴子。高级的靴子
就算经过长年穿着也保持着良好的风格。

实现循环经济发展模式

如今，食物浪费问题被广泛关注，其实在服装纤维产业中，衣物浪费问题也十分严峻。以商品定价出售的服装平均消化率只有 40%，这此外的商品大多被废弃处理。为了消化这些商品，outlet 折扣店也起到了一定的作用。但折扣店的定制商品也在增加，导致商品越来越难以定价卖出。在这样恶劣的情况下，nest Robe/CONFECT 的最终消化率竟然高达 98%。一般的品牌是在订货会上接受订货，然后根据销售情况生产多于订货的数量，一边销售一边降低库存。而 nest Robe/CONFECT 是先预计出一个销售数量，生产这个数量的 25%，剩下的 75% 再根据销售情况追加生产。之所以能够做到这一点，是因为和工厂的垂直连接。平时就保持与工厂密切联系，在需要追加生产时才能妥当安排。这样的做法是建立在一年的生产计划表之上的，也同样可以规避工厂生产峰谷期的问题。一直以来都秉行着倾听顾客的反馈，将顾客的意见反映在设计之上，所以预想的销售数量也很少有太大出入。此外，由于实行的是企划到贩卖一体化 SPA 模式，不需要支出额外的保证金和抽成之余，还可以提供更具性价比的产品。既然没有多余的库存，也不需要进行折扣销售。

即使是这样，面料的废弃问题还是十分严峻的。即使使用最尖端的机器和最优秀的技术人员，也难免会产生在排版剪裁时出现的占原料 30% 之多的废料。将这些废料废弃的话，不仅造成成本损失，更因为这些都是使用高级纱线纺织的面料所以更显浪费。有提案建议将它们混合成纸做成购物袋，但这样不仅需要花费生产能源，在生产中化学药品的使用还会对环境造成负担，再加上成本也不低，实现起来不太现实。

就在最近，品牌开始实验将废料加入加捻纱线中。将剪裁废料处理到棉花的纤维状态，与有机原生棉混合纺成纱线。虽然面料容易出短纤维的绒毛，纺织难度较大，而且面料表面无法做到均一平滑。但是触感柔软，质感独特。尽管比起用普通纱线制作更需要花费时间精力，但现今消费者已经开始接纳 nest Robe/CONFECT 的产品以及理念，相信这样的产品同样会得到消费者的认同。

将自家商品的剪裁废料重新还原成原料，进而制成商品再自行售卖。这就是所谓的自体循环的模式。这是只有 nest Robe/CONFECT 才能做到的。而这个系列最终被命名为"UpcycleLino"。nest Robe/CONFECT 今后也将为环境问题积极采取措施，为实现循环型社会贡献一份力量。

来自工厂"TM Corporation"的剪裁废料。全部都是使用高级亚麻纱线纺织而成的面料。商品卖得越好，生产量越大，但这样以来废料也随之增多。曾经这些成吨的废料只能依靠废品公司上门处理，如今则是按颜色分类，等候送去工厂"新内外棉"。

"新内外棉"将剪裁废料全部处理成棉絮状纤维。如何处理属于企业机密。虽然是剪裁废料，但使用的是高级均一的原料，要处理成循环再利用纱线也比较容易。实际摸上去，也分不出和普通棉絮的差别。

加入有机棉纺纱。将块状纤维打散
的同时去除杂质，统一方向。将形
成平均粗细的带状物拉至延伸，慢
慢卷成细条，并用这个来进行捻纱
线加工。

这些循环再利用的纱线将作为纬线，由"大石织物"进行机织纺织。对经线的韧性要求较高，所以使用100%原生亚麻纱线。下图中，是将麻线顶端竹节去除修整的机器。没有数字来控制，全凭技术人员的感觉来作业。工厂负责人大石元泰先生是一位纯粹的亚麻爱好者。图中，他正在用自己制成的面料制作衣服，来检验舒适度和面料密度。

"永良针织"使用沉降片针织机，将用同样的循环再利用纱线编织成用于卫衣和 T 恤等的针织面料。"永良针织"原本是擅长制作提花的工厂，所以对于机器操作很有自信。

nest Robe/CONFECT 原来一直没有批发业务，日本国内的相关函询也都一一婉拒了。原因是现在的生产力，供应日本国内直营店已经是极限了。但是位于中国广州的买手店"Mori Sence"就算是被婉拒了许多次，也一再表达"非常喜欢 nest Robe，希望有一天能够在自己的店里贩卖"这样的愿望。为了不辜负这样的热忱，双方开始了批发生意来往。经过多年，双方之间建立了商业信赖关系。就在这时，品牌收到了"Mori Sence"提出的"想在中国把 nest Robe/CONFECT 做得更大"这一提案，并授予了对方中国独家贩卖权。很快，在 2020 年 8 月开设了 nest Robe/CONFECT 北京旗舰店。另外，

2019 年 7 月 "Mori Sence" 在北京主办了一场 nest Robe/CONFECT 的时装秀。会场设在北京的 "Temple 东景缘"，这是一家将古代寺院翻修并建成的购物美食复合型商业设施，外观和设置保留了寺院的原貌。在这样独特的氛围中，用 T 台走秀的形式将品牌的理念表现出来，让语言不相同的人也感受到价值观的共鸣。在品牌筑建的理念和视觉传达的基础上，工厂花费时间和精力制作出来的素材和衣服的风格、质感，想要对世界诉说的信息都传达到位。

nest Robe/CONFECT 北京三里屯太古里店
北京市朝阳区三里屯太古里区北区 NLG-40 单元
（NLG-40,Taikooli Sanlitun North, Sanlitun Road, Chaoyang, Beijing）

nest Robe Flagship Store 北京（太古里店）

地址：北京市朝阳区三里屯太古里北区地下一层 NLG-40

nest Robe Concept 上海（静安店）
地址：上海市静安区陕西北路 173 号华业公寓南部
双室 4F（Prada 荣宅对面）

nest Robe Concept 上海作
为 nest Robe 会员限时体验
店，集 nR café、新品发布
Showroom 于一身，定期举
办展览，仅接受预约参观。

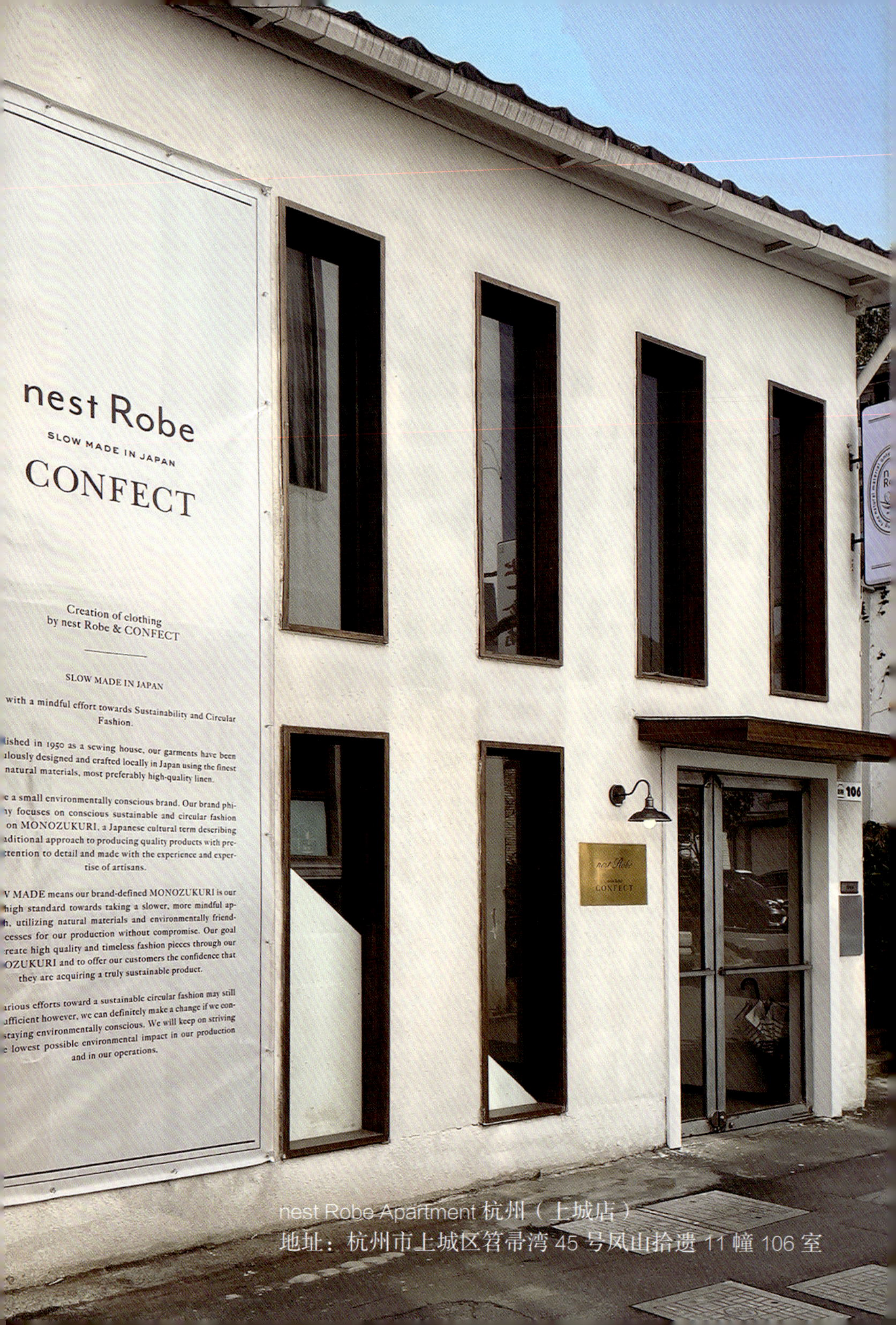

nest Robe Apartment 杭州（上城店）
地址：杭州市上城区笤帚湾 45 号凤山拾遗 11 幢 106 室

nest Robe Apartment 杭州为两层构造，客人可以享受由预约带来的舒适购物体验。

首层作为特色图书馆，设置了阅览专用坐席，可供客人安静观赏、翻看书籍。

nest Robe 中华区总部（广州东山口）　　地址：广州市越秀区庙前西街 48 号 5F

nest Robe 10 周年纪念庭园

2015 年 3 月，为纪念 nest Robe 创立 10 周年，nest Robe 表参道店举办了 "nest Robe 10th Anniversary GARDEN，10 周年纪念庭园" 活动。由作为植物花卉艺术家以及工作室 "Tiny N" 的主理人兼花艺师冈本典子女士策划，将店铺内布置得犹如花和草木的秘密花园般。被称作 "garden tea party"，向顾客提供薄荷茶和红茶，并且准备了纪念商品，以表达对长期以来顾客支持的感谢。

内 容 提 要

nest Robe/CONFECT 是强调穿着感的简约实用服装品牌。从女装 nest Robe 到男装 CONFECT，品牌的衣服基本是在自营工厂缝制，大多采用以亚麻为首的优质自然原料，希望可以通过衣服，让穿着者变得更加幸福。

本书内容围绕 nest Robe/CONFECT 的创立历史，与其合作的捻纱、纺纱、织布、编织、提花织造、缝制、染色、整理加工、刺绣、漂白等公司进行介绍，展示了该品牌一件服装的制作全过程及品牌珍藏系列服装，适合服装企业从业人员、服装专业学生参考阅读。

图书在版编目（CIP）数据

精工细作的慢时尚 nest Robe / CONFECT / 广州森所服装有限公司著 . -- 北京：中国纺织出版社有限公司，2022.6

ISBN 978-7-5180-9493-6

Ⅰ.①精… Ⅱ.①广… Ⅲ.①服装—品牌—介绍—日本 Ⅳ.① F768.3

中国版本图书馆 CIP 数据核字（2022）第 064642 号

责任编辑：亢莹莹　魏　萌　　责任校对：寇晨晨
责任印制：王艳丽

中国纺织出版社有限公司出版发行
地址：北京市朝阳区百子湾东里 A407 号楼　邮政编码：100124
销售电话：010—67004422　传真：010—87155801
http://www.c-textilep.com
中国纺织出版社天猫旗舰店
官方微博 http://weibo.com/2119887771
北京华联印刷有限公司印刷　各地新华书店经销
2022 年 6 月第 1 版第 1 次印刷
开本：880×1230　1/32　印张：6
字数：110 千字　定价：128.00 元